“一带一路”背景下服务贸易与区域经济发展丛书

主编：韩江水　王利晓　刘俊霞

陕西高校青年创新团队建设项目（陕教2019〔90〕号）资助
陕西省社会科学基金项目（2018D50）资助
西安翻译学院“双一流”建设项目资助
西安翻译学院校级科研团队建设项目（XFU17KYTDA02）资助

“一带一路”背景下 高管激励组合、技术创新投入对企业绩效影响研究

王雅楠◎著

RESEARCH ON THE INFLUENCE OF SENIOR EXECUTIVES' INCENTIVE PORTFOLIO AND TECHNOLOGICAL INNOVATION INVESTMENT ON ENTERPRISE PERFORMANCE UNDER THE BACKGROUND OF THE BELT AND ROAD INITIATIVE

中国经济出版社
CHINA ECONOMIC PUBLISHING HOUSE
·北京·

图书在版编目（CIP）数据

“一带一路”背景下高管激励组合、技术创新投入对企业绩效影响研究 / 王雅楠著. -- 北京：中国经济出版社，2020.9（2023.9 重印）

ISBN 978-7-5136-6270-3

Ⅰ.①一… Ⅱ.①王… Ⅲ.①上市公司-管理人员-激励-影响-企业绩效-研究-陕西 Ⅳ.①F279.23

中国版本图书馆 CIP 数据核字（2020）第 158068 号

责任编辑　杨元丽
责任印制　巢新强
封面设计　任燕飞工作室

出版发行　中国经济出版社
印 刷 者　北京建宏印刷有限公司
经 销 者　各地新华书店
开　　本　710mm×1000mm　1/16
印　　张　12.75
字　　数　185 千字
版　　次　2020 年 9 月第 1 版
印　　次　2023 年 9 月第 2 次
定　　价　69.00 元
广告经营许可证　京西工商广字第 8179 号

中国经济出版社　**网址** www.economyph.com　**社址** 北京市东城区安定门外大街 58 号　**邮编** 100011

本版图书如存在印装质量问题，请与本社销售中心联系调换（联系电话：010-57512564）

总 序

丝绸之路是连接亚非欧几大文明的贸易和人文交流通路，也是古代东西方之间政治、经济、文化交流的主要通道，对推动人类文明进步产生了深远影响。西汉的张骞分别于公元前138年和公元前119年两次出使西域，以长安为起点，经甘肃、新疆、葱岭，西行至中亚、南亚、西亚，抵达欧洲，凿通连接欧亚的丝绸之路，在亚欧大陆上形成了横贯东西的交通大动脉，开启了中国古代对外友好关系。千百年来，“和平合作、开放包容、互学互鉴、互利共赢”的丝绸之路精神薪火相传，推进了人类文明进步。“丝绸之路”一词的由来和传播应归功于德国地理学家、地质学家费迪南·冯·李希霍芬（Ferdinand von Richthofen）与德国历史学家阿尔伯特·赫尔曼（Albert Herrmann）。李希霍芬（1877）在《中国——亲身旅行的成果和以之为依据的研究》一书中，首次将中国与河中和印度进行丝绸贸易的西域道路称为丝绸之路。赫尔曼（1910）在《中国与叙利亚间的古代丝绸之路》一书中，主张把丝绸之路的含义“延长到通向遥远西方的叙利亚”。赫尔曼（1915）在《从中国到罗马帝国的丝绸之路》一书中，把丝绸之路作为中国与希腊—罗马社会沟通往来的交通路线的统称。自此，“丝绸之路”一词广为传播并被普遍接受。

由于古丝绸之路对沿线国家文化与经济产生的深远影响，以及丝绸之路沿线国家丰富的自然资源、重要的区位优势和广阔的发展前景，近年来，相关国家纷纷提出了针对丝绸之路相关区域的战略构想。其中，影响较大的有俄罗斯、印度等国的“北南走廊计划”，日本的“丝绸之路外交战略”，欧盟的“新丝绸之路计划”，联合国开发计划署的“丝绸之路区域合作项目”，美国的“新丝绸之路外交计划”，哈萨克斯坦“新丝绸之路项目”和伊朗、印度等国的“新南方丝绸之路”计划等。2013 年 9 月，习近平主席在哈萨克斯坦纳扎尔巴耶夫大学发表演讲，倡议亚欧国家共同建设“丝绸之路经济带”，引起相关国家尤其是中亚各国的积极响应。2013 年 11 月，《中共中央关于全面深化改革若干重大问题的决定》中明确提出推进“丝绸之路经济带”建设，形成“横贯东中西”的对外经济走廊。2013 年 12 月，中央经济工作会议把“不断提高对外开放水平”作为 2014 年经济工作的六大主要任务之一，并再次强调“推进丝绸之路经济带建设，抓紧制定战略规划，加强基础设施互联互通建设”。建设丝绸之路经济带已成为中国经济发展的重要内容。党的十八届三中全会提出，要推进“丝绸之路经济带”“21 世纪海上丝绸之路”建设，形成全方位开放新格局。自此，中国提出了两个符合欧亚大陆经济整合发展的倡议：一是“丝绸之路经济带”，涵盖东南亚和东北亚经济，融合在一起通向欧洲，形成欧亚大陆经济整合大趋势；二是“21 世纪海上丝绸之路”，从海上联通亚非欧三个大洲和“丝绸之路经济带”，形成一个海上、陆地的闭环。两者合称“一带一路”。2016 年 11 月，联合国大会在决议中首次写入“一带一路”倡议。2017 年 10 月 24 日，党的十九大将推进“一带一路”建设等正式写入党章。“一带一路”倡议的主要宗旨是与沿线国家共建“一带一路”，促进经济要素有序自由流动、资源高效配置和市场深度融合，推动沿线各国实现经济政策协调，开展更大范围、更高水平、更深层次的区域合作，共同打造开放、包容、均衡、普惠的区域经济合作架构。“一带一路”既是中国扩大和深化对外开放的需要，也是加强和亚非欧及世界各国互利合作的需要，可以为沿线国家经济发展带来巨大机遇。“一带一路”倡议提出以来，国内外学者广泛关注，研究内容广泛，成果层出不穷。

西安翻译学院作为陕西省“一流学院”建设单位，致力于培养服务区域经济社会发展需要的应用型高级专门人才，高度重视“一带一路”领域的学术研究工作。2014年，西安翻译学院成立新丝绸之路研究中心，该中心挂靠在商学院（原经济管理学院），围绕“一带一路”领域的重要和现实问题展开了一系列研究。2016年，学校资助成立了3个校级科研团队，分别针对国际产能合作、服务贸易和区域经济一体化发展展开深入研究。经过5年的研究，目前已经形成了方向明确、重点突出的一批科研成果，主要包括：“一带一路”背景下中国教育服务贸易研究；“一带一路”背景下陕西省国际产能合作研究；“一带一路”背景下中国老龄服务贸易研究；“一带一路”背景下中国非营利组织参与养老服务的对策研究；“一带一路”背景下顾客资产基本购买价值的计量研究；“一带一路”背景下陕西自贸区金融服务创新发展研究；“一带一路”背景下中国房地产企业国际化战略研究；“一带一路”背景下高管激励组合、技术创新投入对企业绩效影响研究；“一带一路”背景下区域经济一体化进程研究等方面。2019年，基于3个校级科研团队骨干力量整合形成的——“一带一路”倡议下现代服务贸易与陕西门户经济发展研究团队，获批陕西省高校青年创新团队。

本系列丛书主要基于西安翻译学院商学院的学科研究方向，在多次调研、反复论证的基础上确定了“‘一带一路’背景下服务贸易与区域经济发展”的研究内容，主要是2014年至今商学院科研团队成员的科研成果。研究人员分别从不同角度对相关内容进行了深入分析，每一本书从选题、构思、资料收集、撰写到最后定稿，都经过多次充实、修改和完善。本系列丛书不仅在理论上有所创新，对实践也有较强的针对性和指导性。

本系列丛书主要由西安翻译学院“一流学院”建设经费、陕西高校青年创新团队和校级科研团队建设经费资助出版。本套丛书的出版，不仅是对作者多年理论研究工作的一种记录，也是对我国“一带一路”建设中关于服务贸易与区域经济发展研究的一份贡献。相信丛书的出版一定会引起相关研究领域学者的关注和更多的思考，使更多的读者从中受益。

韩江水

2019年10月

序　言

“一带一路”是“丝绸之路经济带”与“21 世纪海上丝绸之路”的简称，“一带一路”作为全方位的对外开放新格局，正在以经济走廊理论、经济带理论、21 世纪的国际合作理论等创新经济发展理论、区域合作理论、全球化理论，给 21 世纪的国际合作带来新的理念，对我国企业的发展有着深远的意义。通过“一带一路”，我国能够与周边的沿线国家和地区形成良好的双多边机制，建立多区域及多领域的贸易合作平台，并以此为媒介打造融入政治、文化等多内容的综合利益体系。在当前的经济形势下，我国企业应该顺应时代发展，面对我国企业的生产力以及生产水平仍处于基础性阶段，产品深度开发、设计、加工还有待加强等现状，我国企业应抓住“一带一路”历史机遇，不断地加强企业技术创新、加大研发投入，增强企业在市场上的竞争力。企业的研发创新活动具有投入大、风险高、周期长等特点，与企业一般的投资活动相比，又具有高度的不确定性与风险性。企业技术创新决策在很大程度上受管理层人为因素的影响与制约，管理者尤其是高级管理者作为企业技术研发创新投入的决策者，是企业的核心资源，其作出的创新研发投入这一重要的决策行为究竟会对企业绩效产生怎样的影响？企业对高管实施激励是否会促使其加大企业技术创新投入力度，并由此影响企业绩效？这些问题都值得进一步分析探讨。

第一，本书在交易费用理论、代理理论、企业家理论和人力资本理论的指导下，结合效用价值等相关理论，借鉴前人研究成果，将从物质激励和非物质激励组合的角度，以陕西上市公司为样本企业，研究高管物质激励对企业绩效的影响。相关实证分析结果说明，对上市公司高管的激励不仅需要物质性激励，非物质激励也不可或缺。首先，以陕西上市公司为例，分析高管的年度薪酬与企业绩效的关系。为了更准确地界定企业绩效，本书选取了八项财务指标，运用 SPSS 22.0 统计软件，采用因子分析法对陕西上市公司样本做综合绩效评价，得到成长及盈利能力、偿债及投资能力、经营能力三个公因子。通过样本企业的年报数据，全面考量高管年度薪酬与企业综合绩效及三个公因子之间的关系，得出高管年度薪酬与企业绩效、企业偿债及投资能力、企业经营能力关系显著，与企业成长及盈利能力关系不显著的结论。其次，研究陕西上市公司高管非物质激励对企业绩效的影响，在大量阅读文献并通过发放问卷获取数据的基础上，用高管的个人满意度对企业非物质激励进行测度。在对样本进行信度效度分析后，通过探索性因子分析得出非物质激励包括成就激励、成长激励和工作环境激励三个指标。相关分析及回归分析的结果显示，陕西上市公司非物质激励中的成就激励、成长激励、工作环境激励与高管的个人满意度均呈显著正相关。

通过上述物质激励与非物质激励分析，证明对陕西上市公司高管的激励采用物质激励与非物质激励组合能更好地提高企业绩效。鉴于此，本书针对两种激励方式提出相关对策建议，即从高管的年度薪酬结构、薪酬水平方面作出调整，更多考虑长期激励的问题。此外，还从成就激励、成长激励及工作环境激励三个方面加强激励效果。

第二，本书以上市公司物质激励和非物质激励作为调节变量，建立模型，以我国 2017 年以前沪深制造业陕西上市公司为研究样本，探讨作为技术创新活动主要载体的陕西省制造业企业实施高管激励是否对技术创新投入与企业绩效具有正向的调节作用。在数理统计与回归分析的基础上，验证了企业技术创新投入与企业绩效之间呈正相关关系，高管物质激励、非物质激励与技术创新投入呈正相关关系，高管物质激励、非物质激励正向调节技术创新投入和企业绩效之间的关系，并提出针对高层管理者要以物质激励与非物质激励组合的合力，不断进行技术创新投入，促进企业绩效的提升。本书分别从政府和企业自身角度提出相关建议：政府应努力为企业搭建研发、技术创新的平台，给予财政支持，营造健康的创新金融、法制环境，做好人才引进，建立信息化网络建设；对企业来说，要在组织内部积极塑造创新理念与创新文化，做好企业内技术科研创新人才队伍建设，在充分利用外部资源的基础上，通过产学研、对外技术交流等多种形式，寻求技术创新新途径。

目 录

第1章 绪 论

第2章 激励相关理论与研究综述

第7章　技术创新投入对企业绩效影响的实证研究

第8章　促进企业绩效提升的对策建议

第1章 绪　论

1.1 研究背景与研究意义

1.1.1 研究背景

众所周知，历史上颇具意义的国际通道莫过于“丝绸之路”，在这条通道上，商客络绎不绝，并伴有多种商品交换，如五彩斑斓的丝绸、香料和茶叶、玉石与瓷器等。南方的茶马古道与欧亚大陆的商路为东西方之间的经济、文化传播作出了重要贡献。现今，随着经济全球化的不断发展，区域间的多项合作方兴未艾，这条曾经引起世界瞩目的，并对全球经济有过重大影响的商贸大通道将再次以新的面貌成为全球焦点，并赋予新的地缘、政治、经济内涵。

中国国家主席习近平于2013年9月访问哈萨克斯坦和印度尼西亚时，提出了“一带一路”倡议，即共建“丝绸之路经济带”和“21世纪海上丝绸之路”。“一带一路”作为一种全方位、对外开放的新格局，给21世纪的国际合作带来了新的理念，包含经济走廊理论、经济带理论、21世纪的国际合作理论等创新经济发展理论、全球化理论、区域合作理论，这些理念与理论对我国企业的发展有着重要的意义。诸多学者认为，“一带一路”所包含的区域在新时期有相似的经济结构、资源禀赋、气候条件等特点，因此，该区域之间将在科技合作方面有广阔前景。由于地缘政治方面的密切性、地缘经济方面的便捷性和地缘文化的包容性，中国东部沿海地区在与东南亚国家的合作中、中国西部地区在与中亚国家的合作中，中国的两个地区一直处于主导地位。这条历史古道绵延数千里，沿线蕴藏着丰富的能源，同时也是生态环境脆弱区。因此，“一带一路”亟须采取“绿色、循环、低碳”的可持续发展模式，我们在深刻认识荒漠化问题、治理荒漠化、重视保护生态环境与安全、发展新能源和可再生资源的同时，要意识到实现这个目标就要打破科技创新体制壁垒，积极以协同创新模式有效汇聚创新资源，强化产业链、创新链、政策链三个链条与人才、资本、信息、技术等创新要素相互联通和开放协作。

受自然地理因素和经济水平等因素的制约，现阶段，丝绸之路经济带沿线国家和地区的大部分合作尚未形成大规模的科技成果转化，相互之间的技术合作还以学术性交流形式为主，并局限于一些能源及附加值较低的产业。国内外学者普遍认为，“一带一路”沿线国家和地区合作重点应向科技成果转化、高端装备、精密零件等技术资本密集、信息与管理密集领域拓展，并通过创新驱动积极向新兴制造业、现代服务业、量子科技等领域拓展，而非停留在单向能源输出和劳动密集的加工组装领域。科技创新为经济发展所提供的新观念、新技术正在加速经济、技术向新领域、高层次发展，科技合作大力提供人才输送和技术支撑，有利于推动交通、能源、电信等基础设施实现资源共享、优势互补，助推“一带一路”沿线地区经济和科技创新一体化，这是丝绸之路经济带沿线城市或地区获得竞争优势的必然趋势。在丝绸之路经济带建设中，经济社会发展的重要载体是城市，担负着共建丝绸之路经济带的核心力量，因此，作为城市的核心竞争力——科技创新则越来越重要，科技创新是培育区域竞争优势的核心要素，也是拉动区域经济持续、健康发展的重要动力。经济体系中的重要组成部分是企业，企业作为一个微观组成部分，其技术创新与科技进步对一个地区的创新，乃至国家的创新建设都有着积极作用与重要影响。企业是否可以进行技术创新的问题需要由企业高管人员决定，高管人员甚至可以决定企业未来的发展方向、发展趋势。依据委托—代理理论的研究，代理成本会在管理者和所有者利益不一致时产生，因此，为了更好地缓解管理者和所有者之间的利益冲突，可以设计一种有效的薪酬契约形式，在一定程度上解决委托—代理问题，并能够更好地实现公司价值。

第一，从高级管理层激励对企业技术创新影响的角度考虑。

在如今的智慧经济时代背景下，科技创新是企业获得竞争优势并实现可持续发展的必然选择。在2016年“十三五”规划中出台的《国家创新驱动发展战略纲要》中已经明确提出实施创新驱动战略，并提出要适应新常态。党的十九大报告中指出，引领发展的第一动力是创新，在现代化经济体系建设中，创新已成为必不可少的战略支撑，“科技”和“创新”四个字在十九大报告中被多次强调。目前，依靠传统的资源依赖型经济增长方式已经不能解决我国社会主要矛盾，要解决主要矛盾，必须坚持走创新型的国家发展战略。要想实现创新，必须要有创新投入，技术创新活动的重要环节是技术创新投入，只有不断提高技术创新投入才能更好地促进企业实现更有效的技术创新。基于委托—代理理论的研究，只有着重进行高级管理层激励，才能更好地解决代理问题，这对于提高技术创新投入有着重要作用。统计资料显示，在我国的研发投入总量上，2015年较2012年的研发投入总量增长了38.1%，2015年的研发投入总量达到1.4万亿元。目前，世界各国研发投入排名第一的是美国，我国排名第二。同时，2016年出台的《国家创新驱动发展战略纲要》中提出了创新发展各个阶段的具体目标：在2020年进入创新型国家行列、在2030年跻身于创新型国家前列、2050年时建成世界科技创新强国，简称为“三步走”目标。2017年的政府工作报告中，对创新进行了再次强调：以创新驱动为发展战略，以创新带动实体经济转型升级，实体经济的活力和竞争力要切实提高，提质增效；加大制造强国的建设，淘汰落后技术，技术改造和升级可以通过创新不断实现，要有效激发传统产业的市场活力。可见，越来越多的企业开始重视技术创新，创新已经成为社会发展的主要驱动力。作为企业基本战略，依赖技术创新能够形成强大的竞争优势，技术创新在我国的发展速度正在加快，但是我们必须清楚地认识到，与发达国家相比，尤其是与美国相比，我国企业在技术创新、研发投入方面还存在较大差距。

企业是社会创新活力的最重要源泉与推动者，组织控制理论认为，企业的生存和发展离不开技术创新。在此背景下，对于企业的技术创新开展方式，在如何优化创新投入与改善创新投资效率方面要作深入研究。从微观层面来说，对企业的技术创新行为机制可以深入剖析；从宏观层面而言，创新在供给侧结构性改革实现上具有长远的作用。企业只有依靠技术创新才能提高生产效率，获得市场竞争力，进而获取超额利润。现阶段，企业主要是通过引进外来技术提高自身技术能力，也可以在内部进行新技术的创新开发，内因通过外因才能起作用，要想得到长期发展，企业内部自主创新才是关键，是保证其永续发展的主要因素。虽然我们已经清楚地认识到企业技术创新投入的重要性，但也须承认，技术创新本身存在的“风险性、不确定性、长期性”特点会导致企业创新研发投入的积极性不高。技术创新的关键在于：企业的决策者怎样作出有利于企业创新的决策。高管对企业的运营往往拥有大部分的决策权。技术创新投入对企业来说是一件重要的事，而企业高管作为理性人必然会追求自身利益最大化，当自身利益存在风险时，其在决策时往往优先考虑自己的利益。例如，一个技术创新风险高的企业，会因企业收益不确定导致高管人员利益受损，可能使其不愿投资，此时就应该好好考虑用什么样的激励措施调节高管的行为。面对管理者和经营者之间的矛盾，高管激励是一种有效方法，通过设计合理的高管激励体系，或者采用不同激励方式的组合，能够将高管对技术研发创新的投入激发到最大限度，让企业一直存在创新的推力。

第二，从高级管理层的激励对企业绩效影响的方面考虑。

由于所有权与控制权的分离，公司治理的核心问题之一是对高级管理层的激励问题，代理理论研究的主要内容也是激励。[①] 首先，经营权和所有权分离使得高级管理层的劳动中存在的资本效应比较少，高级管理层不参与任何资本收益的分配，而是主要作为报酬的领取者。因此，高级管理层与企业所有者的目标存在差异性，导致机会主义的动机可能会在高级管

① 李垣，张完定．管理者激励组合的理论探讨[J]．管理工程学报，2002(3)：26－30.

理层中产生。其次，高级管理层的人力资本与其所有者具有不可分离、不可抵押的特点，高级管理层的行动难以被监管，可能存在机会主义行为。最后，对高级管理层的行为没有一个判断优劣的客观标准，高级管理层的人力资本具有高度的可塑性（Alchian and Woodward，1998）。因此，实现企业所有者目标的最佳途径是：通过对高级管理层实施有效的激励，使他们的行为朝着企业所有者希望的方向不断努力，最终使企业的目标得以实现。

自20世纪泰罗（Taylor，F. W.）开创管理科学以来，激励作为管理的一项基本职能，一直是管理学研究的焦点。管理学是在“需求—满足”模型指导下，以作为人力资本的企业家为研究样本，对他们行为方式的基本特征、在制度条件下的需要和行为的特殊性等方面进行研究。在对企业家激励问题的研究上，管理学与经济学分别从不同角度展开：管理学研究的出发点是人的需要，采用方法导向；而经济学研究的出发点是制度关系，采用问题导向。现有的管理学的激励理论中，对企业一般员工的激励问题是研究的重点，相对而言，对企业高层管理者的激励问题进行的研究较少，这在客观上使得管理激励理论相关研究资料略显单薄。

我国企业高级管理层的激励问题受内外部环境诸多因素的影响，如政策环境、经济环境、社会文化等外部宏观环境和企业内部条件等，导致企业高管的激励问题始终存在，以现有的激励制度无法应对企业出现的一系列问题，例如，企业界的“59岁现象”“内部人控制”、国有企业中优秀青年企业家大量流失的“39岁现象”等问题，已经在理论界及全社会引起了大量关注与广泛讨论。在20世纪90年代的英国与美国，随着公司高级管理层治理模式成为主流，大量英美公司并购案的发生致使公司经理人的报酬得到大幅提升。虽然公司经理人报酬增加了，但公司绩效水平并没有随之提升，这严重损害了相关者的利益。基于对中小投资者利益的保护，在董事会的制衡机制上，美国上市公司对此进行了进一步强化，通过建立独立董事制度的形式，试图通过独立董事的前馈控制和事中控制，适时监督公司财务会计、董事职务行为的合法性和妥当性。公司发展所需要的建设性意见往往依赖于独立董事的专业知识及独立判断，独立董事需要为公司决策水平提升作出积极努力。然而，如美国安然、世通等大公司，虽然独立董事在董事会中占据多数，但是也同样出现过财务丑闻事件。在上述背景下，如何激励包括高级管理人员、董事会成员和监事成员在内的高级管理层，如何设计激励制度等问题，引发了学者们的高度关注。

国内外的学者在对企业委托—代理关系和激励约束问题的研究中，一些学者选择对国有企业等企业形式进行研究，大多数学者选择对一般企业进行研究，对于上市公司的激励机制的研究尚不够系统、深入、具体。随着改革的深入和证券市场的不断发展，我国上市公司的地位将逐渐攀升，整个社会越来越重视公司内高层管理者的地位与价值。因此，该如何对上市公司的高层管理者进行激励，如何使激励机制既符合我国国情又切实有效，具有一定的现实意义和理论意义。在改革持续深入、市场经济不断深化的过程中，企业要不断探索适合市场经济转轨环境下新的分配制度，逐渐放弃按劳分配的单一分配制度，并在融合收入分配制度、激励制度、绩效评估制度的基础上，构建最有效率的分配制度模式。但是，受外部宏观环境，如政策环境、经济环境、社会文化、企业内部条件等因素的影响，针对我国企业高级管理者制定的激励机制仍缺乏有效性和长期性，企业给予的报酬在数量、结构和方式上都存在一些问题，如出现的“内部人控制”“59 岁现象”等问题。在一份关于“企业经营者激励机制的建立”的调查问卷上，根据中国企业家调查系统调查的结果，有 31.3% 的企业经营者表示“不太满意”，6.8% 的企业经营者表示“很不满意”，33.8% 的企业选择“一般”，分别有 3.7% 和 24.4% 的企业经营者表示“很满意”和“比较满意”，满意程度的平均值为 2.87 分，按照百分制计算是 57.4 分。通过调查结果可以看出，激励不足和约束激励乏力的问题在我国上市公司高层管理者的激励制度中是普遍存在的。[①] 虽然针对激励措施也实行了多项改革，如放权让利、利改税、承包制、试行股份制和建立现代企业制度

---

① 贺家铁. 上市公司高级管理层激励组合研究[D]. 长沙:湖南大学,2006:1.

等，有的企业结合自己的具体情况，实施多种激励措施对上市公司的高层管理者进行激励，如施行了年薪制、经理股票期权、管理层收购（MBO）等措施，但效果不是很理想。在种种原因下，我国企业高层管理者的激励约束机制一直没有得到完善。依据“产权清晰、权责明确、政企分开、管理科学”的要求，要建立和完善现代企业制度，需要从多方面入手，其中的关键之一就在于如何充分调动企业高层管理者的积极性，设计适合我国国情的最优的激励性契约。因此，对高管有效激励问题进行研究的重要性已经在我国的政策层、理论界和实务界中被清楚地认识到，并逐渐达成了共识。

随着我国证券市场的飞速发展，原有上市公司高管激励机制在市场经济不断深入的形势下，表现出了极大的不适应性。尽管近年来无论在学术界还是企业界，对我国上市公司高管激励机制问题已进行了大量的研究与探索，但是没有从根本上解决这一问题，使其在运行过程中仍暴露出很多问题，包括激励结构组成、激励方式，以及长短期激励等方面。高管激励机制改革的落后，使上市公司经营业绩不尽如人意，委托—代理问题日益突出，阻碍了证券市场的健康发展。而出现这种现象的一个重要原因是，多年来的改革与发展没有考虑经理人的人力资本因素，没有认识到管理者作为企业的代理人是影响公司发展的关键。在企业中，企业的实际控制权掌握在经理人员手中，且企业所有者和经营者各自追求的利益目标存在差异，因此，经理人员可能会出现利用经营权侵犯所有者利益的行为。为了所有者利益的最大化，人们提出了针对高层管理者的激励模式问题，即企业所有者对高层管理者采取什么样的激励措施能够保持激励的有效性，长期的激励模式该如何设计，如何实现企业所有者与经营者之间的“激励相容”问题，如何使高层管理者在追求自身利益的同时也能够最大限度地追求或保证所有者利益。经济学和管理学对这个问题的研究出发点是不同的，经济学主要是从委托—代理理论角度出发，基于所有者收益最大化的行为假定，通过对代理人和委托人的最大化行为的分析，指出要使所有者利益最大化，经营者报酬中必须包含风险收入。管理学则是基于行为科学视角，通过对一般人性的分析，提出设计的激励机制应该使公司经营管理者达到心理满足。因此，在中国上市公司所处的外部环境条件下，高管激励组合体系该如何重新设计和塑造，成为当前理论研究的焦点。

结合中国上市公司独有的特点，对中国上市公司高层管理者激励组合体系进行设计时要注意以下问题：第一，外部治理环境不完善，与英美相比，我国上市公司面临的市场环境有较大的差异，经理人市场及经理人声誉激励实现途径尚不规范，公司控制权市场难以对上市公司形成强有力的约束。第二，直接将国外激励组合体系移植到国内必将产生水土不服的现象。只有结合中国上市公司所处的外部环境、市场条件、上市公司本身的发展状况以及高层管理者自身的需求和价值体现，借鉴参考国际经验，设置符合中国特色的上市公司高管激励组合体系，并能够依据科学的方法对上市公司高管激励组合体系及其产生的激励效用作出准确、合理的测度评价，梳理内部作用机理，才能正确发挥激励组合体系对高级管理层的激励效用。

综上所述，在“一带一路”倡议的背景下，在正确认识企业高管是企业的核心资源基础上，应当对高管采取何种方式的激励措施才能对绩效产生显著影响？高管做出的创新研发投入这一重要的决策行为究竟会对企业绩效产生怎样的影响？企业对高管实施激励组合是否会促使其加大企业技术创新投入力度，并由此影响企业绩效？这些问题都值得进一步研究。

1.1.2 研究意义

第一，上市公司高管激励组合的研究意义。

我国的国有企业股份制改造是从20世纪80年代中期开始试点进行的，上市范围和上市数量逐年扩大。我国上市公司经过多年的改革，从无到有，逐年递增，上市公司高层管理人员的地位与价值也随着上市公司在我国社会和经济中的地位不断上升，越来越受到社会的重视，对上市公司高管的激励机制研究逐渐成为经济学和管理学的热点。

上市公司一直是我国国有企业改制的领军者，在内部的管理机制及其经营业绩上，都优于其他国有企业。上市公司高层管理者激励的现实效果，可以为分析我国企业内部激励机制提供有力的证据。激励机制是现代公司治理结构的灵魂和动力源泉，对公司治理的规范性、有效性和价值取向起着重要的引导作用。因此，提高上市公司治理水平，既要建立监督约束机制，更要完善激励制度，实现对高级管理层充分有效的激励，激发其勤勉尽责的积极性，引导公司行为，努力实现股东利益的最大化，将他律转化为自律，为有效监督创造条件。Hart（1998）指出，经营者努力工作或许是因为激励计划激发的缘故，但其不能有效地阻止经营者营造帝国或放弃控制权。由此可以看出，激励并不是企业治理结构的全部，而只是它的组成部分。因此，所有者目标的实现不能依赖于对管理者实施有效的激励，它只是必要条件，虽然不是充分条件，但恰恰可以说明激励的重要性。以往大多数代理理论文献把对管理者激励的主要关注点放在物质方面，如Jenson和Meckling（1976）的所有权激励研究、Jenson和Murphy（1990）的收入（包括薪水和奖金等）激励和股票（期权）激励研究等。而对非物质激励作用的研究较少涉及。例如，Jenson曾经指出，非货币因素不大可能成为推动经理，并使其价值发挥最大化的激励源（Jenson and Murphy，1990）。这样的片面研究结论造成了激励理论和代理理论的缺陷，导致企业过分依赖物质激励而忽视全方位激励。本书的研究将说明，从所有者的角度来讲，对企业高层管理者的最佳激励方式应该是物质激励和非物质激励进行组合，使管理者的效用在一定的激励成本约束下达到最大化。对于企业所有者来说，需要做的就是在最优激励组合的条件下，使其净收益最大化，即决定最优的激励成本。

当前，在我国建立现代企业制度的背景下，进行企业的高层管理者激励组合及其效用的研究，有助于实现微观经济效益的提高，深化我国公司治理理论的研究；有助于正确认识企业经营者在微观经济活动中的作用，体现其人力资本的价值，充分发挥人的主动性和创造性；有助于企业在经营者的分析、选择和激励方面的改革。随着改革的深入和证券市场的发展，我国必将有更多的企业成为上市公司，股权分置改革后公司治理结构将进一步规范，因此，在分析我国国情的基础上，探索符合我国国情的、切实有效的上市公司高管激励机制具有重要的现实意义和理论意义。

经过十几年的发展，截至2017年年底，陕西省共拥有境内上市公司50家。但是，陕西上市公司无论从上市数量、股本总数还是从主营收入、净利润、每股收益等指标看，均低于全国平均水平。这与陕西上市公司高管激励机制建设的相对落后有着直接的联系。本书正是基于这些问题，试图以陕西上市公司为例，梳理陕西地区上市公司高管激励现状，研究出适合陕西上市公司高管的激励组合措施，对能为企业绩效产生显著性影响的激励组合方式进行研究，通过对高管薪酬、个人需求及满意度的分析，探寻物质激励与非物质激励对陕西上市公司绩效的影响。在实证分析的基础上，指导现实中高管激励组合方式的设计，以期通过物质激励与非物质激励的有效组合提高企业绩效水平。

第二，高管激励、技术创新对企业绩效影响的研究意义。

创新是推动经济发展的根本动力，是一个国家和民族进步的灵魂。企业随着市场经济的进一步发展，已成为技术创新的投资主体。目前，在国内对创新产生绩效的研究中，还没有形成一套较规范的方法对绩效进行评价，在对技术创新投入与企业发展及成长性相关关系研究方面，成果较为单薄，对技术创新投入与企业技术能力的研究则更少。技术创新在理论上的突破使其具有对现实的指导意义，而现实的需求为理论研究提出了前进的方向。不仅企业管理层对技术创新能力越来越重视，政府对技术创新能力也同样重视，因而，对技术创新投入与企业绩效的相关性研究更具有紧迫性和必要性。

高新技术企业发展的根本在于不断进行创新，本书针对高管这一特殊群体，研究物质激励与非物质激励对企业进行技术创新的影响效果。这体现出技术创新是企业永续存在的必要条件，也是经济可持续发展的必要条件。科学技术现代化已成为整个现代化的核心，在全球经济一体化和当前知识经济背景下，一个国家（区域）的综合实力和整体竞争力的表现就是科学现代化实力，这也是一个国家（区域）未来经济与社会发展最重要的新增长点。企业界、学术界和政界早已对以下客观规律达成共识：要想在日益加剧的市场竞争和日新月异的环境中求得生存和发展，企业要将技术创新能力视为其发展的长远动力，这一点也恰好契合了我国当前所大力提倡的“大众创业、万众创新”。尤其是高新技术企业，更要好好依托科技创新与技术进步来促进生产力发展，保证企业长远稳健经营。然而，企业创新需要有较大的技术创新投入，需要有源源不断的资金支持，这也是技术创新活动中的关键因素，而技术创新投入多少并不能决定企业创新活动的成功，具有一定的风险性。是否大力实施技术创新投入决策取决于高管的态度，更准确地说，是高管对待风险的态度，而高管对待风险的态度和其努力程度是由企业对高管的激励决定的。基于人的主观能动性对企业发展的重要影响在不断加深，企业高管在企业经营决策中占据主导地位这一观念已被社会各方认可，企业越来越重视高管对企业的主导作用。前人研究普遍包括三个方面，即货币薪酬激励、在职消费激励和股权激励，继续探寻激励的组合方式，有利于丰富和完善高管激励理论。对高管采取何种恰当的激励方式才能更好地加强技术创新投入？这方面的研究显然具有重要的理论意义和实践意义。

影响高管激励效果不容忽视的因素是管理层权力，研究管理层权力对高管激励的影响，有利于完善基于管理层权力的薪酬契约。社会的进步和发展有赖于技术创新，高管激励对技术创新投入的影响研究可以使创新理论不断丰富、完善。通过研究高管激励对技术创新投入的影响，可以了解高管行为特点，深入分析高管激励方式影响高管创新决策的作用机理，在一定程度上丰富和发展了企业治理理论。

在实际生活中，激励方式不同，其激励效果也不同，企业可以依据实际选择适合其发展的一种或多种激励方式。在对激励组合分析的基础上，选择灵活的激励方式，可以增强激励的有效性，使企业决策更加完善，企业竞争力得到增强。高管进行技术创新投入带来的损失可以通过高管激励弥补，高管的顾虑减少了，进行技术创新投入的可能性就更大。因此，本书从缓解委托—代理问题出发，以提高企业的技术创新投入为目的，探究高管激励对技术创新投入的影响。

综上所述，本书以陕西沪深 A 股上市公司中制造业为研究目标，在研究企业高管激励与企业绩效水平、企业高管激励与技术创新投入及三者关系的基础上，试图探索高管实施激励方式的变化对企业技术创新决策产生的影响，进而提升企业绩效的问题。通过对高管物质激励、非物质激励对企业绩效调节效应进行研究，将从理论上丰富并拓展激励、技术创新投入、绩效之间关系的研究。从企业高管激励的角度，对技术创新投入与企业绩效之间的关系进行研究，重点对高管激励对技术创新投入与企业绩效的调节作用进行探究，制定符合企业情况、恰当有效的激励机制，期望可以提高企业实施高管激励的意识。通过研究企业高管激励，更加明确高管在企业经济活动中尤其是创新研发活动中的关键性、主导性作用，在为提高企业绩效提供理论依据的同时，帮助企业通过采取更加合理的激励措施来提高其开展创新研发活动的积极性。本研究有利于促进企业管理层积极开展创新活动，有望推动企业建立符合自身发展的激励机制，并不断提高企业绩效水平。从长期来看，更有利于企业取得竞争优势，并促进社会经济可持续发展，为“一带一路”倡议的实现提供现实基础。

1.2 研究内容、研究方法和创新点

1.2.1 研究内容

本书可分为理论和实践两大板块，逻辑主线是：概念模型—内在原理—实现机理—实证分析。研究内容主要包括以下五个方面：

（1）对陕西上市公司样本企业高管激励组合的定性研究。包括对现有相关文献的梳理与提炼，以及在企业高管内部进行的定性研究工作。梳理相关文献的目的是希冀从现有各个相关学科，尤其是经济学和管理学领域

内对激励理论有一个全面、直观的认识，并从中提炼出具有共性的内容。

（2）根据文献回顾和在高管中间进行定性研究的结果，对激励组合进行界定，进行激励组合理论模型分析，在主观问卷和客观数据的基础上进行实证分析。在激励组合划分维度上，分别对物质激励与非物质激励的激励模型进行研究。

（3）用因子分析法对陕西上市公司样本做综合绩效评价，得到成长及盈利能力、偿债及投资能力、企业经营能力三个公因子。通过样本企业的年报数据，全面考量高管年度薪酬与企业综合绩效及上述三个公因子之间的关系，得出高管年度薪酬与企业绩效、企业偿债及投资能力、企业经营能力关系显著，与企业成长及盈利能力关系不显著的结论。

（4）研究陕西上市公司高管非物质激励对企业绩效的影响，在数据收集与统计分析的基础上，用高管个人满意度对企业非物质激励进行测度。在对样本进行信度效度分析后，通过探索性因子分析得出非物质激励包括成就激励、成长激励和工作环境激励三个指标。相关分析及回归分析的结果显示，陕西上市公司非物质激励中的成就激励、成长激励、工作环境激励与高管的个人满意度均呈显著正相关关系。

（5）以上市公司物质激励和非物质激励作为调节变量，建立模型，以我国2017年以前沪深制造业陕西上市公司为研究样本，探讨作为技术创新活动的主要载体的陕西省制造业上市公司实施高管激励是否对技术创新投入与企业绩效具有一定的调节作用。在数理统计与回归分析的基础上，验证了企业技术创新投入与企业绩效之间呈正相关关系，高管物质激励、非物质激励与技术创新投入呈正相关关系，高管物质激励、非物质激励分别对技术创新投入和企业绩效具有正向调节作用。

1.2.2 研究方法

主要应用的研究方法包括分析与归纳法、理论分析与理论推演法、规范研究和实证研究等，通过上述研究方法的结合应用来实现研究目的。

（1）分析与归纳法。本书对国内外有关企业高层管理者激励问题经过仔细查阅、参考，在企业技术创新与企业绩效相关研究文献的基础上，分析界定了相关概念，如高级管理层、物质激励、非物质激励、技术创新、技术创新投入、企业绩效等。分析归纳了企业高管激励理论（经济学和管理学两个角度），如交易费用理论、委托—代理理论、企业家理论和人力资本理论、需求理论、期望理论、能动理论和管家理论、效用价值论、知识资本论。根据本书的研究思路与概念界定，可将企业高管激励划分为物质激励与非物质激励两种组合方式，归纳总结相关理论，并做出综述。对高管激励对技术创新投入的影响、技术创新投入对企业绩效的影响相关理论进行分析，基于文献研究和调查分析与统计，从加大企业技术创新投入与提升企业绩效的角度，认为应加强对企业高管的激励。

（2）理论分析与理论推演法。本书将在已有研究成果的基础上，采用理论分析与理论推演的方法，设计上市公司高级管理层物质激励、非物质激励的理论模型，就不同的激励方式对企业绩效的影响进行验证分析。以上市公司高管的物质激励和非物质激励两种激励方式作为调节变量，建立模型，对企业技术创新投入与企业绩效之间的关系进行验证分析，并得出基本结论。

（3）规范研究。本书采用规范研究方法，建构了企业高管人员物质激励与非物质激励模型及其应用途径的选择；采用线性回归分析方法对高管物质激励与绩效的关系进行研究；利用“因子分析”“相关性分析”“回归分析”等统计学方法对上市公司高级管理层的非物质激励与个人满意度进行研究，对技术创新投入对企业绩效的影响进行了研究，对激励对技术创新投入与企业绩效的调节作用进行研究，以抽样获得的各项问卷调查数据及上市公司公布的年报数据作为分析依据，力求保证研究结果在一定程度上的科学性。

（4）实证研究。在理论假设的基础上，将采用非随机抽样的问卷调查法获得数据，并应用统计软件 SPSS 22.0，综合运用因子分析、回归分析等方法对相关研究假设进行了验证。

1.2.3　研究的创新点

基于前人的研究分析，本书对高级管理层激励从不同的角度进行了研究。从国内文献的理论分析、样本选取以及实证结论来看，在对高级管理层激励方式的研究中，大多是单一的、从一种方式进行研究，而从全面、系统的研究角度对多种方式、组合方式的研究还较为欠缺。因此，本书试图在前人研究的基础上对高级管理层激励组合分类进行系统研究。本书的主要创新点在于以下两个方面：

（1）从物质和非物质激励的角度，通过量化分析法对高级管理层激励方式的组合进行研究。在科学界定高级管理层激励方式组合的含义后，以高级管理层作为研究对象，将经济学激励理论与管理学激励理论相结合，运用主观数据和客观数据相结合的方式，从物质激励和非物质激励的角度来研究激励组合。

（2）以陕西上市公司为例，研究视角上的创新。以往有关技术创新投入和企业绩效关系的大部分研究，对人的行为的影响关注度不足，主要以公司特征、公司治理结构以及外部市场环境为视角。本书的研究将对陕西上市公司中高管的激励对企业绩效影响进行研究，并引入高管物质激励与非物质激励两种方式作为调节变量，分别研究它们对技术创新投入、企业绩效关系的调节作用与效应。

1.3　本书基本结构

本书主要采用的研究方法有：规范研究、理论推演、实证研究相结合，划分为五个环节，即文献综述、理论探讨、系统设计、实证研究、成果总结。首先研究上市公司高级管理层物质激励、非物质激励对企业绩效的影响，并分别以高管物质激励、非物质激励为调节变量，研究其对技术创新投入和企业绩效关系的调节效应。

（1）文献综述阶段。分别从管理学激励理论与经济学激励理论对涉及公司高级管理层激励组合问题进行综述；从创新理论、技术创新理论剖析技术创新投入对企业绩效影响、高管激励对技术创新投入影响、基于高管激励的技术创新投入与企业绩效的影响，提出自己的研究思路、方法及研究的主要问题。具体包括经济学和管理学激励理论的综述评价。

（2）理论探讨阶段。在对相关理论与实证综评的基础上，基于对上市公司高级管理层的物质激励、非物质激励概念的科学界定，对上市公司高级管理层激励的组合进行机理分析，然后分别探讨上市公司高级管理层人员的两种激励对企业绩效的影响；通过对技术创新、技术创新投入相关概念的科学界定，对高管激励与企业技术创新投入和企业绩效之间的关系进行理论述评。具体包括：高级管理层、物质激励、非物质激励、创新和技术创新概念的界定，以及上市公司高级管理层激励、技术创新投入与企业绩效的关系研究。

（3）系统设计阶段。采用定量研究与定性研究、主观与客观相结合的方法，系统地构建上市公司高级管理层的物质激励、非物质激励对企业绩效影响的模型，并分别将高管物质激励、非物质激励作为调节变量，构建两种激励组合方式对技术创新与企业绩效影响的模型。

（4）实证研究阶段。针对激励组合中的不同激励方式进行实证研究。首先，对陕西上市公司中样本企业的高级管理层的物质激励方式对绩效影响进行统计性实证分析；其次，对样本企业中高级管理层的非物质激励对企业绩效影响进行统计性实证分析；最后，将高管物质激励与非物质激励两种激励方式分别作为调节变量，验证实施高管激励是否对技术创新投入与企业绩效具有正向的调节作用。

（5）成果总结阶段。通过对陕西上市公司高级管理层激励方式、企业技术创新投入对企业绩效影响等相关理论分析与实证研究，本书试图对陕西上市公司高级管理层不同的激励方式提出政策性建议，并基于高管激励的正向调节作用，提出提升企业绩效水平的相关建议。最后进行全面、系统的总结，剖析本研究存在的局限性与不足之处，基于理论与实践的发展前沿，提出该领域进一步研究的方向。

本书的基本结构如图1－1所示。

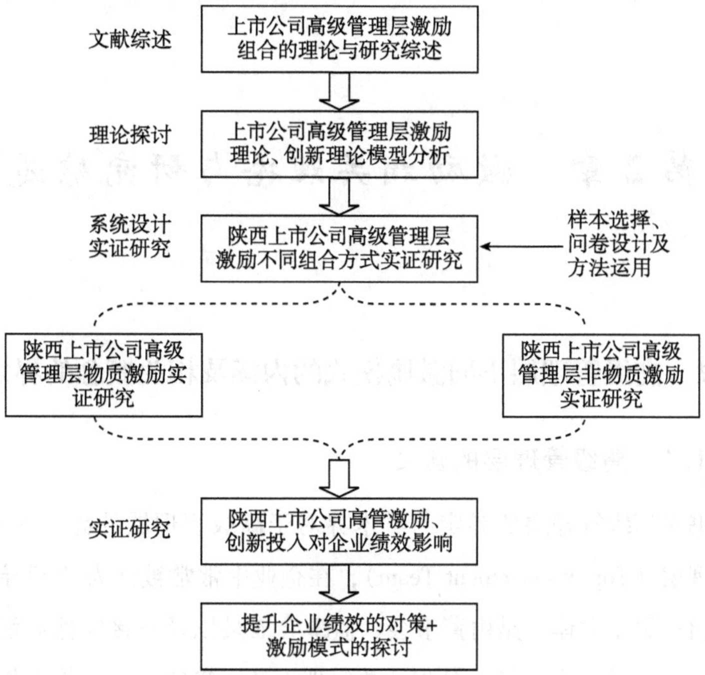

图1－1　本书基本结构

第2章　激励相关理论与研究综述

2.1　高级管理层不同激励模式的内涵及相关概念的界定

2.1.1　高级管理层的含义

本书对高级管理层的界定与学术界对于高级管理层的界定保持统一。高级管理层（Top Management Team），在企业中常常被称为“领导班子”，是指一组相关小群体，是由董事会、监事会成员以及直接向他们汇报工作的高级经理人员组成，包括CEO、总经理以及直接向他们汇报工作的高级经理。① 例如，Elron（1997）将高级管理层界定为“从首席执行官到高级副总裁层次的高级管理人员”，Hambrick 和 Mason（1984）在其研究中，将高级管理层界定为“所有的高级管理人员”，Krishnan（1998）等将高级管理层界定为“首席执行官（CEO）、总裁、首席运营官（COO）、首席财务官（CFO）和下一个层次的最高级别的人员”。②③ 本书的界定中包含了对公司的运营效率和效果都有着潜在影响的所有高级管理层成员。

高管人员的主要职责包括：第一，依据选择企业的发展方向，制定企业战略；第二，建立企业的组织架构，制定管理制度规范；第三，对涉及企业生产经营的重大活动进行决策；第四，面对如国家宏观经济政策、社

---

① 贺家铁. 上市公司高级管理层激励组合研究[D]. 长沙:湖南大学,2006:3.

② 魏立群,王智慧. 我国上市公司高管特征与企业绩效的实证研究[J]. 南开管理评论,2002(4):16－22.

③ 孙海法,伍晓奕. 企业高层管理团队研究的进展[J]. 管理科学学报,2003,6(4):82－89.

会消费趋势、竞争格局、技术进步等社会经济环境而导致的变化，及面对企业资源条件的变化、企业利益相关者的变化等能迅速做出反应并调整策略；第五，负责企业的技术、产品及管理创新。综上所述，企业高管人员工作风险高、难度大且比较复杂，他们肩负着重大责任。作为企业战略制定者，他们负责整个公司各项工作的组织与协调，对企业的经营管理拥有很大的决策权和控制权。企业高管人员必须具备以下素质和能力：责任感、知识、经验和智慧、战略决策才能、冒险与创新精神、组织协调能力、应变能力、善于授权并勇于承担风险、良好的道德素质、健康的身体和心态，并要能综合运用上述素质和能力开展工作。这一切决定了高管人员在企业中的核心地位，也决定了其自身的价值。①

2.1.2　高级管理层激励组合界定综述

诸多学者从不同的方面、不同角度，对高级管理层激励组合的概念进行了如下界定：

周奋进（2000）将激励组合划分为物质激励和精神激励，在当前物质激励不能完全到位的情况下，强调了精神激励的必要性。他认为，对国企经营者实施精神激励是必要的，精神激励能起到某种“平衡”作用，同时精神激励可以弥补物质激励的局限性，精神激励条件下的责任制度是交易成本最低的责任制度。②

张涛（2000）研究认为，激励组合由内在激励和外在激励组成。激励机制能否起作用的关键因素包括工作成就感、社会认可度、荣誉、前途、责任等，以上激励性因素，即高管内在激励动力的大小、是否得到满足将决定激励机制是否起作用。③

郑丽勇、闵学勤（2001）在其研究中，把对经理的激励组合划分为功利性激励和象征性激励。企业对员工工作给予的物质报酬，如工资、福

① Ancona D G, Nadler D A. Top hats and executive tales: Designing the senior team[J]. Sloan Management Reviews, 1989, 31(1): 19 – 28.

② 周奋进．国企经营者精神激励机制研究[J]．浙江学刊, 2000(1): 50 – 54.

③ 张涛．委托—代理理论与国企激励机制研究[J]．山东财政学院学报, 2000(4): 20 – 24.

利、股权、期权以及职务消费等都属于功利性激励。企业满足员工的社会的和心理方面的非物质的需求，如成就、地位、尊重、友谊、安全、健康、自由、成长等属于象征性激励。①

李垣、张完定（2002）和武冰、李倩（2003）等的研究认为，物质激励和非物质激励的组合是管理者激励组合的一种划分方式，薪水、奖金和股权等都属于物质激励，而非物质激励主要表现为声誉和控制权。此外，研究认为，非物质激励和物质激励在不同需求条件下可以实现一定程度的节约和替代。② 杨晓嘉、朱治龙、周青（2004）等对上市公司独立董事物质和非物质激励的组合模型进行了重点分析，认为促进独立董事工作绩效有效提高的方法是合理的激励组合。③

司强、张志红、曹振杰（2003）基于前人的研究结论，提出了现代企业“激励性契约”的组合。激励机制可以通过控制权激励和剩余索取权激励实施，也就是通过在货币资本和核心人力资本之间分配企业控制权和剩余索取权来达到。④ 张亚双（2001）认为，由于我国公司治理制度正处于由“行政型”公司治理模式向“经济型”公司治理模式转轨的过程中，在管理者的激励机制中最重要的影响因素是控制权激励，控制权激励在实施激励中更具有决定意义。⑤

张勇（2004）把短期报酬和长期报酬作为对经理的激励组合界定，货币性激励等为短期报酬，而股权激励为长期报酬，在引导经理的长期和短期行为中，主要通过研究长期报酬与短期报酬在不同条件下的优化组合来进行。⑥

---

① 郑丽勇，闵学勤．寻求最佳的激励组合——激励组合模型及策略分析[J]．中国人力资源开发，2001(4)：54－56.

② 武冰，李倩．经营者激励组合问题研究[J]．沈阳工业大学学报，2003，25(2)：158－160.

③ 杨晓嘉，朱治龙，周青．上市公司独立董事激励组合模型研究[J]．求索，2004(11)：46－48.

④ 司强，张志红，曹振杰．核心人力资本激励机制研究[J]．山东经济战略研究，2003(8)：42－44.

⑤ 张亚双．转轨经济中的管理层激励机制研究[J]．南开管理评论，2001(1)：30－31.

⑥ 张勇．经理长期与短期报酬优化组合激励的探讨[J]．管理工程学报，2004，18(3)：125－127.

王秋令、陈兆坤（2003）则从经济学角度进行研究，将高管激励机制分为报酬机制激励、人力资本增值激励两个部分。认为使股东的目标成为高层管理者的目标，将高层管理者的个人收益与企业的收益紧密结合是报酬激励的核心；企业不断增值人力资本是一种较强的激励。①

综上所述，前期的研究者由于研究切入角度、侧重点等的不同，划分维度呈现多样化趋势，主要表现为学者们分别从不同的角度对高级管理层激励组合的内涵、激励组合所包含的内容进行界定。

2.1.3 对高级管理层激励组合的界定

企业的高级管理层产生的心理不平衡主要表现在：一方面物质激励难以“到位”使他们的心理不平衡；另一方面若企业内物质激励差距明显，又会有新的不平衡产生。在这种情况下，就要在物质激励的基础上，重视开发其他的激励资源——非物质激励，有效调节高管心理平衡。因此，应用高级管理层激励组合的方式对高级管理层的一系列激励制度进行安排，可以较好地规范和约束高级管理层人员的行为，充分发挥高级管理层人员工作的积极性和主动性。因此，本书将激励组合方式划分为物质激励和非物质激励。

2.1.4 相关概念的界定

（1）绩效

绩效，也称为业绩、效绩、成效、工作情况等，其英文名统一翻译为“Performance”，它反映的是人们从事某一活动取得的成绩或效果（张蕊，2002），公司绩效就是人们从事企业经营活动取得的经营成果。《韦氏词典》中，绩效的定义为完成某种有功能性或者有效能的任务或达到某个目标。绩效一词从语言学的角度来说，可以简单地理解为成就与效果。如果从科学评价的范畴考虑，应对其内涵加以规定，仅有词语方面的含义是不够的。绩效的本质属性是：其是客观存在的；绩效是能产生实际效果的实

① 王秋令，陈兆坤．科技型企业高层管理人员的激励与约束[J]．辽宁省交通高等专科学校学报，2003，5(1)：59－60.

践活动结果；绩效体现投入与产出比的关系；绩效有正负绩效之分，是一定的主体作用于相应客体所表示出来的效用；绩效是个量值，是能够度量的，完全没有度量意义的东西，不是绩效。尽管对绩效给出了科学评价，也对其含义进行了词语层面的解释，但是学术界和企业界对于一个企业所拥有成就的定义，及对一个企业所取得的效果评价标准并未达成一致。企业绩效常常被认为包括企业经营状况、企业竞争力以及经营者业绩成果的表现，所以，从这一意义上讲，企业绩效具有数量和效率等方面的特征，被普遍认定为一种取得的结果（宋洁，2011）。学者们的研究存在不同的观点，有学者认为企业绩效除包括结果外，还包括与结果目标有关的、可以按照个体的能力进行测量的行动或行为。财政部统计评价司认为，企业绩效是指一定经营期间的企业经营效益和经营者业绩。其中，企业经营效益水平主要表现在盈利能力、资产营运水平、偿债能力和后续发展能力等方面。财政部统计司在公布的《企业绩效评价评议指标参考标准（修订）》中，将企业绩效评价的指标体系划分为八个评议指标，分别为：经营者基本素质；产品市场占有能力；基础管理水平；发展创新能力；经营发展战略；在岗员工素质；技术装备更新水平（服务硬环境）；综合社会贡献。每个评议指标下有五级参考标准。然而，无论是将企业绩效只是单纯地当作一种结果，还是认为企业绩效不仅仅包括结果也包括为实现目标而进行的可以测量的行动或者行为，这些论述都忽视了企业绩效的一个非常重要的属性，即除了企业目标、行为及其成就与效果，更重要的是在一系列相关行为下努力实现企业目标的过程，而对这个过程的有效管理与控制对企业经营具有现实的指导作用。

（2）物质激励

物质激励指物质性资源。薪酬就是物质激励的表现形式。薪酬一般指“薪金”和“报酬”，是一个组合的概念，包含个人劳动所得的全部报酬。[①] 薪酬概念从广义上来看，包括经济性报酬和非经济性报酬。其

① 张娟．我国上市公司高管薪酬影响因素的实证研究［D］．济南：山东大学，2008：15－22.

中经济性报酬包含工资、奖金、福利待遇等以金钱或实物形式支付的劳动回报；非经济性报酬指员工个人或管理者对企业及对工作本身在心理上的一种感受，主要是和工作本身相关的，指工作本身和工作环境所提供的各种条件以及工作的趣味性、挑战性、发展机会和社会地位等。从狭义的角度来看，薪酬主要指经济性报酬，主要是指个人通过奖金或实物等形式获得的劳动回报。按照本书对激励组合的分类，对于“薪酬”这个概念，将会主要考虑高管人员的经济性报酬，按照狭义薪酬的概念理解。

（3）非物质激励

非物质激励指非物质性资源。学术界对非物质激励的划分方式、维度也是多样的，伍晋明、殷琳琳等（2008）在研究中，将非物质激励定义为基于隐性需求的激励，包括成长与职业生涯计划、成就激励、环境激励。① 多志亮（2006）认为，非物质性激励包括信任激励、竞赛激励、荣誉激励、心智激励、目标激励、赞扬激励、情感激励等十种激励方式。② 本书将非物质激励划分为成就激励、成长激励、工作环境激励。成就激励主要来源于从工作中获得的成就感而引发的激励，具体表现为工作重要性、工作挑战性、工作价值性、工作内容丰富化及企业给予的相应荣誉；成长激励主要是指高管在企业中拥有良好发展前景、控制权与进入权、授权管理参与决策；工作环境激励主要是指工作设施环境、企业文化、团队凝聚力、公开交流与沟通、管理水平、学习环境。

2.2 高级管理层激励理论综述

2.2.1 管理激励理论中的人性假设

（1）人性假设

前人对人性已经作了较多的研究。本书对人性假设的研究思路是基于薛恩在1965年对前人研究基础上的研究，将人性假设归纳为三类，分别为

① 伍晋明，殷琳琳．高管激励[M]．北京：中国劳动社会保障出版社，2008：10－20.

② 多志亮．高管激励[J]．政工学刊，2006(11)：30－31.

经济人假设、社会人假设和自我实现人假设，并在此基础上提出复杂人假设。

第一，基于经济人假设分析。

经济人假设认为，人的行为动机源于经济诱因，人都是要争取最大的经济利益，人是理性的和经济性的。人们工作是为了取得经济报酬，在自由经济制度中，人类利己主义本性在经济活动的主体中体现出来。薛恩认为，关于人性是理性的和经济性的假设源于亚当·斯密的思想，是从享乐主义衍生出来的。西蒙和马奇（1993）在后来的研究中，认为人的理性是有限的，并在《组织》一书中提出决策人假设，认为组织成员的有限理性表现在：执行任务和决策的能力有限，环境的约束和人类自身能力限制的影响。因此，决策只能寻求令人满意的答案，而非最优的。心理学研究表明，个人的欲望水平是随着体验的变化而有所升降，并不是一成不变的。

第二，基于社会人假设分析。

梅奥等（1924）在霍桑试验的基础上提出了社会人假设。梅奥的研究理论认为：首先，人类行为的基本激励因素是对社交的需要，在社交中形成人们身份感的基本因素是人际关系；其次，对于管理部门所采用的奖励、控制和对同级同事所组成群体的社交因素，相比较而言，员工更易于对后者做出反应；最后，企业中主管对下级的归属需要、被人接受需要以及身份感需要能满足到什么程度，将决定员工对管理部门的反应能达到的程度。为了训练管理人员能更多地意识到员工们的需要，企业做出了较多努力。“人际关系运动”的出现是社会人假设所带来的结果之一，虽然“人际关系运动”对提高劳动生产率的贡献难以肯定，但在一定程度上确实提高了员工们的工作热情和士气。

第三，基于自我实现人假设分析。

在马斯洛需求层次理论中，人类需求层次最高的需要是自我实现的需要。对于许多管理人员和专业技术人员来说，按照马斯洛的需求层次理论追求自我实现，这个理论假设在他们的行为中已得到验证，但对许多处于组织中的基层或低层人员来说，工作并不是其所追求的主要内容，“生活主要乐趣”并非工作本身。因此，自我实现的人性假设不适合所有人，只适用于一部分人。

第四，基于复杂人假设分析。

复杂人假设是由薛恩（1965）提出的，他基于前人的研究理论提出此理论。研究认为，人们的需要和潜在的欲望是多种多样的，需要的模式也是在不断变化的，因此人是复杂的。复杂人的假设认为，人的需求是包含许多类的，人的发展和生活处境的变化会逐渐影响人们需求的变化，随着需求和动机的彼此作用，逐渐组成较复杂的动机模式，形成复合的价值目标，所以若要理解人的激励形式与内容，必须看其处于什么样的层次。企业的员工会通过他们在企业组织中的工作经历产生新的动机。也就是说，每个人所处的组织不同，产生的需求不同；在同一组织但却在不同部门中也会表现出不同的需求；一个人在正式组织之外，如工会、非正式的工作群体中能得到自己社交需要的满足并进行自我实现；人们可以全心全意地参与到不同类型的组织中进行管理工作，并不断地提高自身的生产效率；每个人都有各自的工作动机和能力，处于各自工作岗位中的工作任务性质不尽相同，导致人们能够对多种互不相同的管理策略做出不同反应。换句话说，不存在唯一正确的管理策略，即一种在任何时间内对所有员工都能够起作用的策略。在薛恩提出的复杂人性假设中，人性的动态观和辩证观点得到充分体现，深入解析了个人需要在组织中的不同变化特点。通过上述分析，我们可以得出，对人本性的研究过程是：由研究人的先天本性，转向环境对人影响的研究；先是研究独立人群，再进行人群间的比较研究，整个研究过程是渐进的。综上所述，随着生产力水平的提高和社会的发展变化，在对人性的研究上，是不断深入的。

（2）典型人性假设理论

第一，麦格雷戈提出的 X 理论和 Y 理论。

X 理论与 Y 理论是麦格雷戈（1957）提出的有关人性的两种截然不同的观点，前者认为，人们有消极的工作原动力，后者则认为，人们有积极的工作原动力。X 理论对人的特性有如下认识：人本性并无进取心，安全高于一切；人只要有可能就会逃避工作，人在本性中是厌恶工作的；若要使人们作出适当的努力从而实现组织目标，企业必须实行强制的监控指挥，并利用惩罚作为威胁。麦格雷戈的X理论认为，大多数人需要少数人从外部施加压力，否则无法进行自我管理，一般需要通过激励措施来实施管理，常常以金钱和惩罚作为通行的激励措施。Y理论对人性的假设是：人性本善，人们能够享受工作且并非天生厌恶劳动；人们为实现工作目标，能够在自己负责的工作中实现自我指挥与控制；在适当的条件下，人们通常会接受责任，并且能够主动承担责任，而逃避责任、缺乏进取心、强调安全感等表现一般是经验的结果，不是人的天性；使人们努力实现目标的方式不能仅仅依靠外部控制和惩罚；多数人有想象力、创造力和独创性。

第二，莫尔斯和罗希提出的超Y理论。

在复杂人性假设的研究基础上，莫尔斯和罗希于1970年提出了超Y理论。该理论认为：人们来到企业中工作带着多种形式的需求动机，但主要的需求是获得胜任感。在人人都存在获得胜任感动机的情况下，获得胜任感有多种实现形式，取决于这种需要同个人其他需要（如权力、独立、结构、成就、交往等）的相互作用，因此，不同的人可以用不同的方式来实现胜任感。如果组织形态和任务性质相适应，取得胜任感的动机极可能得到实现；即使胜任感达到目的，一个新的、更高的目标将出现，这个新目标仍能够继续发挥激励作用。因此，超Y理论认为，对人性的认识是因人而异的，而上述的复杂人性假设则强调一个人的需要在不同年龄、不同时间和地点会有不同需求表现，这也是两种理论的不同之处。

第三，威廉·大内提出的Z理论。

1981年，美国日裔学者威廉·大内在其出版的《Z理论》一书中提出了Z理论，主要研究内容是人与企业、人与工作的关系。大内在对美国和日本的典型企业进行研究的过程中，发现国家之间文化的差异性，会使不同国家的人民所处的环境有一定的特殊性，从而人民的行为模式也存在一定的差异。因此，各个国家不能简单照搬别国的管理经验，而应该与自己国家的文化相结合，这样才能充分发挥人们的积极性。Z 理论认为：所有企业都应该实行“民主管理”，并主张以坦白、开放、沟通作为基本原则，因为企业的成功离不开信任、敏感与亲密；而员工具有牢固的整体观念，相互之间平等相待，每个人对事物均可作出判断，并能独立工作，应以自我指挥代替等级指挥。

（3）企业人性假设

当前很多时候，激励对象不仅限于自然人的激励，还包括对企业的激励，而在上述的几种人性假设分析中都是以自然人为研究对象的，因此我们在对人性的假设分析中，有必要进行一定的扩展。我们认为，在一定程度上，企业具有人性特征，符合人性假设条件。企业人性假设主要表现在以下方面：第一，在法律上自然人依法享受权利、履行义务；同样在法律上，企业具有法律人格，被称为“法人”，依法履行义务、享受权利。第二，人在本性上希望少付出、多收益，人有自利性的本性，想获得包括物质收益和精神收益双方面的净收益最大化。企业也希望低成本、高收益（包括经济收益和社会收益），取得净收益最大化，在本性上同样是自利的。第三，自然人在决策过程中只能做到有限理性分析，常常难以做到完全理性选择，因为其受诸多因素影响，如自身能力、信息屏蔽、环境变化等。企业在决策过程中同样会遇到方方面面的影响，如决策者、信息、环境等因素，最终都会影响企业理性分析。第四，自然人在激励场中的转变取决于激励合力。而企业在激励场中的发展方向，同样也取决于激励合力。

2.2.2　经济学激励理论综述

经济学与管理学的激励理论发展轨迹是完全不同的，对两者的研究也有不同的着眼点。管理学对激励理论研究的着眼点是人的需求动机，而经济学在激励理论研究方面的着眼点是制度关系。从经济角度对激励理论的研究正在迅速发展，尤其在最近 10 年，已“成为现代经济学的前沿和热门领域”①。如交易费用理论、委托—代理理论、企业契约理论和人力资本理论都是其中较有代表性的理论。

(1) 交易费用理论

根据威廉姆森（1985）的研究分类，新制度经济学将契约分析的方法应用于经济组织，产生了三个重要的分支：交易费用理论、产权理论和代理理论。交易费用理论是研究企业与市场关系的企业理论，② 是由科斯开创的。在交易费用理论之前，传统的经济学的厂商理论认为，市场是唯一有效的经济组织，企业的任何制度安排都是低效率的。1973 年，科斯在其《企业的性质》论文中指出，古典思想存在严重缺陷，表现在忽略企业制度结构、与现实不符。③ 他将“交易，费用”概念引入经济分析，创立了“交易费用理论”，讨论了企业存在的合理性和企业边界决定等企业的基本问题。他认为：第一，企业和市场都是协调经济活动、配置资源的一种形式；第二，使用价格机制的市场交易，有时存在相当高的费用，包括发现相关价格或获取有关信息的费用、谈判和签订契约的费用以及确定和保证契约执行费用；第三，由于市场交易的一系列契约可以被企业内部的一个契约所代替，并且企业内部由“权威”来组织资源，因而企业内部的交易费用要比市场低，两者之差是企业存在的根本原因。

科斯理论作为现代企业理论的鼻祖，贡献在于“引入交易费用来解释企业的存在”，并在此基础上建立自己的企业理论。④ 因此，企业在制度结构方面的运行得到了令人满意的解释。从交易费用角度来看，人们会去研究企业内部交易费用是如何降低的，将研究转向企业这个“黑匣子”内部。从降低交易费用角度来看，最重要的是企业如何激发组成这一组织的人的积极性。

但是，科斯的交易理论也有不足：一是他将“权威”作为企业重要特

---

① 黄群慧．企业家激励约束与国有企业改革[M]．北京：中国人民大学出版社，2000：20－32.

② 贺家铁．上市公司高级管理层激励组合研究[D]．长沙：湖南大学，2006：3.

③ R. H. Coase. The nature of the firm[J]. economic, nov, 1937: 256－285.

④ 科斯．企业、市场与法律[M]．上海：格致出版社，1990：35－60.

征，认为正是权威的组织作用，可以降低企业交易费用。然而他对权威的形成并未作出解释，人们不清楚应该由谁来掌握权力分配资源。二是他只指出交易存在费用，却未能指出交易费用存在的原因，因而人们无法采取措施去降低费用。科斯之后，威廉姆森、格罗斯曼和哈特、哈特和莫尔等对科斯理论进行了开拓性的研究，主要从解释交易费用产生根源的角度进行了研究。他们认为，企业的出现是因为当合约不可能完全时，纵向一体化能够消除或减少资产专用性所产生的机会主义问题，将企业看成是连续生产过程之间不完全合约所导致的纵向一体化实体。尤其是威廉姆森在其研究中提出，因为环境的不确定性以及契约人的有限理性和机会主义倾向，导致市场失灵。通过采取纵向一体化可以节约交易成本。因为在这样的组织结构中，人们在市场交易中表现出的机会主义将受到权威的监督，具体办法是在内部建立层级结构，将工资与岗位相联系，并通过提拔和建立长期雇佣关系等使机会主义弱化。威廉姆森还具体给出了企业有效组织结构形成的资产专用性、外部性和层级分解三个原则，并分析了不同类型的组织结构对企业家激励的影响，认为“M”形结构比“U”形结构提供了更好的企业家激励约束机制。

在对科斯和威廉姆森等人理论分析的基础上，中国学者杨小凯、黄有光（1994）提出所有权结构是企业内部一项重要内容，所有权结构的不同导致交易效率也有所不同。他们将所有权结构与定价成本相结合，由于“度量从事难以捉摸的管理活动所付出的努力及其产出水平，要花费极高的成本”，因而用于提供管理服务的劳动交易效率与用于生产最终产品的劳动交易效率相比较低。他们的研究结论是：由管理者掌握剩余索取权“体现了管理服务的间接价格”（经营者的价格），这为经营者参与企业剩余分配提供了理论依据。

（2）企业契约理论

程国平（2002）研究指出，由科斯开创的企业理论被称为“企业契约理论”，认为企业是一系列不完全契约的组合，该理论的代表人物包括威廉姆森、德姆塞茨、张春霖、哈特、阿尔钦等。之所以存在不完全契约，一方面是由于有限理性和环境的不确定性。人们无法预测到各种不同的、将来可能出现的偶然事件，无法将与合约相关的全部信息在事前写入合约的条款中，也无法在合约中针对各种偶然事件确定相应的对策并计算出合约事后的效用结果。人类的理性总是有限的，是导致合约不完全性的重要原因。另一方面是交易成本的存在。科斯认为，合约信息的收集、合约的谈判、合约的签订与合约的履行在零交易成本的假设条件下都是不需要花成本的。对相应事项规定得较为详细，所有的意外情况都由合约当事人详细地写入合约的条款中，这样也就不会发生任何事后利益分配上的纷争。然而，在现实的经济生活中，交易费用不仅是无所不在、无时不在的，而且有时甚至是十分昂贵的，过高的交易费用使许多有关合约条款只得束之高阁，因为作出合约安排肯定会使他们陷入成本大于可能获得的收益的困境。

威廉姆森在科斯不完全合约理论基础上做了进一步的细化。威廉姆森认为，现实生活中的人都是以不同的合约形式来完成其交易，就是“合约人”，其在交易过程中设计合约的成本是昂贵的，由于“合约人”的有限理性与机会主义行为，对将来可能出现的事件也就无法在合约中列出；而且事前没有考虑到的可能事件会增加事后成本，因为这些事件出现时就需要重新谈判与重新签订合约；由于当事人预期一定会出现某些事前没有估计到的偶发事件，所以他们又会在初始的合约中增加相应的条款，从而增加了相应的合约成本。因而，在“合约人”可行的范围内，合约总是不完全的。由于企业是一种不完备的契约，要使企业成员得到固定的合同收入是不可能的。因此，威廉姆森更强调事后合约的不完全性。

格罗斯曼和哈特（1990）提出了两个概念，即剩余索取权和剩余控制权。他们认为合同不可能列示所有的权利，在这种情况下，由其中的一方购买所有的剩余权利也许是有效的。但剩余权利既有可能是收益，也有可能是损失。对购买方来说是收益，对另一方却是损失。由此可见，只有在购买者所获得的收益能够充分弥补出售者的损失的情况下，剩余权利的配置才是有效的。在这种情况下，从投资行为的角度来看，取得对剩余权利的所有权对投资行为较为重要一方有很大的影响。从奈特（1921）开始，经济学家已逐渐认识到，面对效率最大化的要求，在安排企业剩余索取权和控制权方面，应当使两者相对应。张维迎（1996）认为，这种对应是一把钥匙，可以较好地理解包括治理结构在内的全部企业制度。

张春霖（1997）研究认为，激励契约是一种条款，委托人通过该条款制定激励机制来促使代理人按照委托人的意愿行事。在竞争环境相同的情况下，从降低公司的成本考虑，一个雇主必须制定一个激励契约，设法引导一个工人尽最大努力为其工作。企业中的实际表现为：那些具有较强能力的人受到高工资报酬的吸引，从事具有较高效率的工作从而获取较高工资。一般情况下，主要采用实物地租的形式来进行激励契约的制定。

从企业契约理论的角度来看，企业是委托人和代理人之间不完备的合约。通过激励机制使董事和高层经理们为股东出力和谋划，需要制衡机制对抗潜在的权力滥用，将委托—代理合约关系和剩余控制权的配置安排好，就是公司治理的功能的体现。

从对上述理论的阐述中可以看出，学界对高管人员激励的必要性已经从理论层面进行了分析讨论，不仅如此，研究还将剩余索取权看作激励合约的重要部分，在企业中应该做出制度安排，这也为本书的研究提供了重要的理论基础。

（3）委托—代理理论

企业的业主在早期的私人企业中既是企业所有者也是企业经营者，是二者的职能合一。企业主作为一位理性经济人，只有通过自己积极努力的工作才可以使企业获得利润最大化，与此同时，还要考虑在追求利润的同时所要面对的各种风险，并要尽量避免风险。因此，作为企业风险的承担者，决策就需要更加慎重。由此可见，行为扭曲与动力不足的问题在古典企业中是不存在的。但是，在社会化大分工不断加深的环境下，现代企业制度应运而生，委托人和代理人关系的出现也因企业的所有权与经营权相分离而致，委托—代理理论因此而产生了。

委托—代理理论的思想是由阿尔钦和德姆塞茨（Alchian and Demsetz）（1970）提出的，他们对企业的实质进行了分析，认为企业的生产方式其实是一种“团队生产”方式，单个私产所有者都有各自的优势，只有通过团队进行合作生产，才能更好地利用他们的比较优势。但若想精确地分解和仔细观测团队中各个成员的贡献，可能是无法进行的。最终，产出被认定为大家共同努力的结果，因此，“偷懒”（Shirking）和“搭便车”（Free－riding）行为就会在成员工作过程中产生，需要在有人监督的情况下避免上述行为的发生，并给予监督者相应的激励，使其积极性增加。研究现代企业委托—代理关系中“道德风险”问题的核心内容，就是对团队成员“偷懒”问题的研究。阿尔钦和德姆塞茨的研究一开始对谁来担任监督者并未说明，把所有团队成员看成是同质的，这一点比较遗憾。

詹森和麦克林（Jensen and Meckling）（1976）主要研究企业内部对管理者的激励问题，在所有权与经营权分离的情况下进行深入分析。二者的研究认为，由于管理者不是企业的完全所有者，在所有权与经营权分离条件下：一方面，在管理者不断努力下，最后的结果可能使他承担全部成本而只获得部分利润；另一方面，当管理者对额外收益进行消费，他能够获得全部好处而只承担少部分损失，这样的结果会导致管理者因热衷额外消费而不去努力工作。这种情况下，“代理成本”就产生了，即企业的价值与管理者是企业完全所有者时的价值不等，出现差额。让管理者拥有完全的剩余权益是解决代理成本的途径。詹森和麦克林同时还提出，管理者能获得完全剩余权益与自身的财富有一定关系；管理者想要增加自身财富，“举债筹资”是唯一途径。

委托—代理理论在威尔森（Wilson，1969）、斯宾塞和泽克梅森（Spence and Zeckhauser，1971）、罗斯（Ross，1973）、莫里斯（Mirrlees，1974，1975，1976）、霍姆斯特姆（Holmstrom，1979）以及格罗斯曼和哈特（Grossman and Hart，1983）等研究者的研究下逐步开拓发展，他们不仅对代理问题进行研究，同时对委托问题也进行了分析。委托—代理理论包含以下四个假设：假设一，代理人与委托人之间的信息不对称；假设二，代理人与委托人双方都有理性行为能力；假设三，代理人与委托人效用函数不一致；假设四，市场存在不确定性。基于上述假设，代理人的“败德行为”可能因其为追求自身利益而发生，导致代理人自身利益与委托人利益可能会出现相冲突的情况。因而，更让委托人关心的问题在于该怎么实施激励方案，激励代理人采取对委托人有益的行动，并通过所能观测到的变量来惩罚代理人。如何在委托人—代理人框架下寻求最优化的激励方案，就是在保证委托人利益达到最大化的同时，使代理人实现自身利益最大化，通过最优的激励机制设计，避免隐蔽、偷懒和机会主义等。[①]这种在非对称信息条件下研究行为人利益关系的理论是委托—代理理论，也被叫作“激励理论”或“信息经济学”。迄今为止，从经济学领域研究角度上，此理论是人们研究激励问题最有效、最通用的工具，也是本书研究上市公司高级管理层激励组合问题的主要理论基础。

我国学者张维迎（1996）的研究认为，存在委托人对随机的产出没有（直接的）贡献、委托人不易直接观察到代理人的行为这两个基本假设。在上述假设下提出以下观点：第一，在任何满足代理人参与约束及激励相容约束条件下，使委托人的预期效用最大化的激励机制或契约中，代理人必须承担部分风险；第二，在代理人是一个风险中性者的情况下，如果要达到最优激励效果，可通过使代理人承受完全风险的方法实现。上述观点通俗表达如下：第一，经营者的报酬中如果不包含风险收入，则所有者的利益无法达到最大；第二，当经营者完全享有剩余索取权时，其报酬全部为风险收入，此时的经营者与所有者合二为一，在这样的情况下，所有者的利益能保证达到最大，激励机制最优。

委托—代理理论实际上是要对高管采取物质激励的方式，实现企业高管效用，指出解决问题的关键环节是给予管理者剩余索取权。

---

① 李维安，武立东．公司治理教程[M]．上海：上海人民出版社，2002：57－68.

(4) 人力资本理论

美国著名经济学家、诺贝尔经济学奖获得者舒尔茨等提出了人力资本理论。人力资本理论诞生于20世纪60年代，其标志是舒尔茨在美国经济年会上发表了题为《论人力资本投资》(1960) 的演讲，同时主流经济学也认可人力资本的概念。

美国经济学家舒尔茨 (X. W. Schultz) 被誉为“人力资本之父”，他认为，人力是社会进步的决定性因素，但人力的取得不是无代价的，是需要耗费资源的。包含知识和技能的人力形成是投资的结果，在一切生产资源中最重要的资源当属人力资源，人力资源的获取需要通过一定方式的投资，在较好地掌握知识和技能的情况下才能实现转变，因此，并非一切人力资源都是重要的。舒尔茨对“人力资本”的定义为：将人力、人们的知识和技能作为资本的一种形态。① 舒尔茨的研究认为，人力资本是内含于人本身的知识和技能的存量，表现为人的能力和素质。在当前的新经济时代，知识积累是经济增长的一个独立因素，人力资本作为根本因素不断推动经济发展与增长，技术进步不再是外生变量，而是内生变量。国家贫富之间的差距大小及经济增长率的高低，在一定程度上取决于一个国家或企业用于技术研究和开发资源的多少。发展中国家与发达国家之间之所以产生巨大差异，主要原因在于人力资本的质量、知识积累率的高低所引起的经济增长率的差异。② 人们在对经济增长原因进行探索时，常常忽视了人力资本这个重要的生产要素，因此，如果只从自然资源、实物资本和劳动力角度来分析生产力为何能够提高，是不能够被清楚解释的。舒尔茨首次提出并解释了“人力资本”(Human Capital) 的概念，具有开创性的贡献，但也存在一定的局限性。在对人力资本的研究中，主要是对教育投资影响人力资本形成进行了研究，比较侧重于的宏观研究，但是对人力资本本身的构成研究不够深入。

---

① Schultz T. W. Investment in human capital[J]. The American Economic Review, 1961, 51(1): 1-17.

② 西奥多·W. 舒尔茨. 论人力资本投资(中译本)[M]. 北京：北京经济学院出版社，1990：247-276.

贝克尔（G. S. Becker）（1987）在舒尔茨研究的基础上，从微观角度对人力资本理论进行分析完善。他对在职培训的经济意义进行了讨论，分析了正规教育的成本和收益问题，研究了人力资本与个人收入分配的关系，并提出了人力资本的生产理论、分配理论和人力资本理论基本框架三个方面的理论。这三个理论对人力资本的供给状态、人力资本收益分配规律以及人力资本与职业选择问题进行了分析和研究。贝克尔的研究使人力资本理论系统化，尤其是他对人力资本与收益分配关系的研究，在一定程度上对舒尔茨只重视宏观的不足有一定弥补，揭示了在生产过程中，从本质上要求人力资本要以资本要素形式出现。

还有几位中国学者如周其仁等，在关于人力资本理论的研究上，作出了开拓性研究。周其仁（1996）在对人力资本产权特征的研究方面有很大的贡献。他强调，"激励"是一个不可磨灭的、永恒的主题。作为人力资本产权的特征——"人力资本与其所有者的不可分离性"的存在，决定了即使是奴隶主也不能无视奴隶的积极性问题。因而，在现代企业中，将所有权授予人力资本所有者是一种最优的安排方法。周其仁得出如下结论：企业中人力资本与非人力资本共同分享企业所有权，企业就是双方的特别契约。[①] 在经营者参与企业收益分配的问题上，周其仁的上述观点为其提供了很大的启发。

朱治龙（2004）研究认为，劳动力不仅是重要的生产要素，更是一种资本。人力资本理论敢于突破传统理论关于资本同质性的假设，这是人力资本理论对经济学的贡献。研究认为，人力资本所有者与物质资本所有者都是一样的，在生产中，都属于平等的投资者；在交换中，人力资本作为商品所有者也是平等的，在分配中应该得到除了劳动补偿——工资外的剩余权益。此研究观点为建立经营者激励机制提供理论依据，对于人力资本所有者参与企业收益分配的形式问题也做出了正确解释。

---

① 周其仁．市场中的企业：一个人力资本与非人力资本的特别合约[J]．经济研究，1996(6)：71－79.

对于人力资本内部、不同层次人力资本的区别方面，人力资本理论没有进一步探讨，这一点比较遗憾。尽管如此，我们对人的创造能力的认识不断加深源于人力资本理论给我们的启示。经济增长的重要因素之一是管理型人力资本成为人力资本中的一种重要类型。既然管理型人力资本的财富创造力不亚于物质资本，则在客观上要求企业中拥有管理型人力资本的人与拥有物质资本的人占同等重要的地位，也就是让职业经理人通过经营货币资本来赋予企业核心竞争力，并且由货币资本所有者与人力资本所有者共同拥有企业剩余索取权，剩余索取权分配比例大小客观上要求企业首先对高管价值进行确定。①

由上述人力资本相关理论分析可知，作为资本的一种形态，人的知识、技能应该参与收益分配，同样享有剩余索取权。企业高管作为管理型人力资本，应该根据其价值的大小给予相应的回报，因为其自身拥有价值。将企业管理者视为“经济人”是从人的经济性特征出发，强调剩余索取权的赋予及经济性报酬的激励效用，即认为企业经营管理者作为人力资本拥有者，其效用首先是由经济利益满足的。上述观点为本书的研究提供了理论依据，为本书强调的高管价值作为上市公司激励组合影响因素之一提供了有力的理论依据。高管首先是经济人，在激励合约中，他们的物质需求是考虑的重点。因此在设计对企业高管激励合约时，应从物质激励形式为出发点，考虑采用诸如年薪、奖金等激励形式来设计激励合约。

2.2.3 管理学激励理论综述

(1) 管家理论

管家理论最早由 Davis 和 Donaldson 提出。Davis 和 Donaldson 的研究认为，代理理论对人性的假设不够全面，管理人员在现实中还存在另一种角色，他们有成就的需要，内心渴望成功。他们获得成就的满足感来自两个

---

① Herzberg F. I. Worker's needs: The same around the world [J]. Industry Week, September 21, 1987: 29 - 32.

方面：一是来自成功地完成工作，从内在获得满足感；二是在完成工作获得自我满足的同时还希望得到同事或他人的认同。对他们来说，物质激励对他们的行为不一定有较好的激励作用，因为他们往往属于追求自我实现的人，反而非物质的激励更有效。管理人员（经营者）在此时已经不再是一个单纯、简单的代理人，一个机会主义的偷懒者，而是公司资产的好“管家”。他们有成就需求，作为企业的“管家”，通过努力完成工作想要获得内在的满足、获得同事的认可。将组织目标和个人需要有效地结合在一起，二者权衡的结果是：个人不断努力工作，使组织目标逐渐得到实现，在组织目标得到满足的同时个人效用也达到最大化，实现双赢。可以看出，在效用最大化条件下，企业管理者既是“管家”，也是一个理性行为者，他们的行为是可信任的，并不受金钱的激励，他们奉行的是集体主义，而不再是纯粹自利、个人主义和机会主义。管家理论更注重无法量化的个体内在动机对行为的影响。高管努力成为合格好“管家”，他们在追求自身尊严、信仰，以及内在工作满足的基础上，不断努力经营公司，做好“管家”的角色。对企业高管进行激励时，依据管家理论，应注重对高管内在的隐性需求的激励，包括工作中获得的成就感、满足感，组织环境与社会尊严的满足，得到他人的认可等，不能仅仅依靠物质报酬的方式。管家理论为企业高管隐性激励提供了理论支持。

综上所述，各学派均是从心理学的角度进行分析，分析角度相同，都把被激励对象视为“社会人”，分析了人的行为动机，结果认为，被激励对象努力工作的动因来自其对能力的提升、他人认同、个人事业成就感等的需求。因此，非物质需求也就是精神与心理需求作为一种重要动力，对人的行为改变具有重要影响，精神性报偿可以作为重要变量要素实现企业管理者效用。同时，本书对企业高管需求特征进行研究时，前人研究者们对需求进行分类研究的思想也为本书研究提供了理论依据。

管理学激励理论的研究认为，人有多方面的、多层次的需求。对高层管理者来说，有生存需要、关系需要、权力需要、声誉需要、职业安全需要、成就需要等需求。在上述多方面的需求层次中，高层管理者的需求相对来说主要是高层次的，即马斯洛（Abraham Maslow）需求层次理论中的最高层次需要：尊重和自我实现的需要，奥尔德弗（C. P. Alderfer）ERG理论中的成长需要和麦克利兰（David C. McClelland）成就需要理论中的成就需要和权力需要。无论高层管理者的需要处于哪个层次，只要需要存在，就能够产生工作动力。按照管理学激励理论，员工工作的积极性能否有效激发，主要在于他们的需要能否被满足。因此，在对上市公司高层管理者的激励组合体系进行设计时要着重考虑两个方面：首先，为满足高层管理者多样化的需求，需要综合设计多种激励方式；其次，也是较重要的一点是，要认清他们在当前阶段的主要需求及特征。唯有如此，对不同的人激励才会有针对性，通过有侧重点的激励，并在不同需求下配合各种激励方式的组合，才能使激励的效率得到有效保证和提高。

在当前知识经济时代背景下，企业高层管理者价值贡献差异大，对价值回报有较大的渴望。因此，企业高层管理者的需求要素及需求结构也产生了新的变化，不再是马斯洛提出的所谓从低层次到高层次的需求，他们不仅限于单一的内在需求模式，而是转变为混合交替式需求模式，从这个角度来看，现在的需求层次完全是一种混合式需求。在人才需求逐渐向个性化趋势发展的今天，迫切需要不断提高面向客户的个性化人力资源产品服务，这对企业人力资源管理提出更高的要求。混合交替式的需求结构，可以满足当前高层管理者的需求，不仅重视知识的更新和补充，更重视高层管理者自身事业的发展，能够体现出高层管理者自身的能力提高与事业发展的机会，还体现出企业高层管理者追求体现其个人价值的高薪以及个人在社会上的声誉和地位。

（2）需求理论

需求能够引发动机，动机可以改变行为。国外学者马斯洛（Abraham Maslow）、阿尔德弗（C. P. Alderfer）、麦克利兰（David C. McClelland）和赫茨伯格（Herzberg）等分别对需求理论做出了自己的贡献。需求理论认为，激励的起点和基础是人的需求，同时也是动机体系中最核心的成分，若要实现最有效的激励，首先要了解掌握人的需求尤其是主导需求，再设法满足其正确合理的那部分需求。

美国心理学家马斯洛（Abraham Maslow）最早提出需求层次理论。20世纪 40 年代，他在《人类激励理论》一文中提出需求层次理论。该理论将人的需求划分为五个层次，按照由低到高的顺序分别为：生理需求、安全需求、社交需求、尊重需求和自我实现的需求。从人类需求的多样性及层次性角度上看，这一理论对激励问题的研究具有较大的影响。马斯洛的需求层次理论对人们的需求研究有着跨时代的贡献，但仍有很多不足：实证研究没有对该理论进行证实；该理论把需求层次视为一种机械的上升运动，按照机械式、固定不变的顺序，没有考虑到人的主观能动性，带有一定的机械主义色彩；该理论忽视了一个人在同一时间内往往存在多种需求，不同需求间可能会相互矛盾，导致动机斗争，而只关注了一个人的各种需求之间的纵向联系。

阿尔德弗（C. P. Alderfer）于 1969 年提出了“关于人的需求的新理论”，即生存—关系—成长论，这是对马斯洛需求层次理论的修正理论，也被称为 ERG 需求论，如图 2－1 所示。该理论所陈述的三种需求与马斯洛需求层次理论有一定的对应关系，即生存需求类似于生理需要与安全需要，它是人的最基本需求；关系需求类似于马斯洛需求层次理论中的社交需要与尊重需要，是当一个人的基本生存需求得到满足后，就希望与上级和同级有良好的相互关系；成长需求类似于马斯洛需求层次理论中的自我实现需要，是当关系需求满足后，就会产生成长需求，希望在事业、前途上有发展的需求。ERG 理论研究者认为：在激励作用效果上，各种需求可以同时实现激励作用；在较高层次的需求得不到满足时，就会转向低层次的需求，并对低层次需求满足的欲望更加强烈，这就是出现的需求倒退现象。由此可见，该理论并不仅是将马斯洛的需求层次简单化。此外，ERG 理论还认为，某些需求得到满足之后，其需求程度会更加强烈，不会有减弱的趋势，如关系需求和成长需求。ERG 理论的变通性对存在文化、个体和环境的差异有一定的解释。

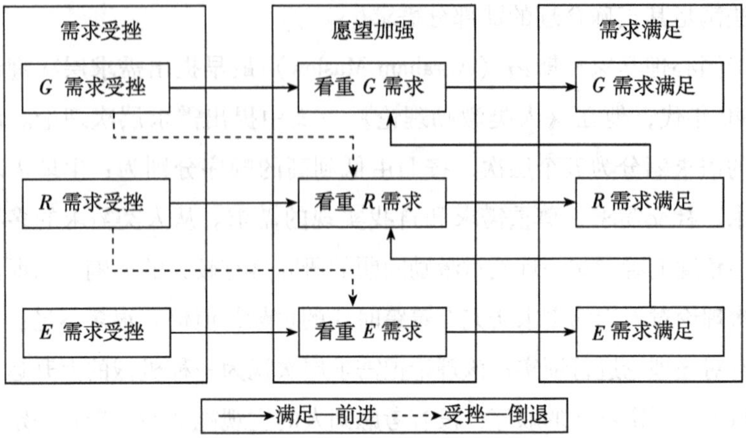

图 2-1　ERG 理论构成①

20 世纪 50 年代，美国心理学家戴维·C. 麦克利兰（David C. McClelland）在撰写的一系列论著中提出关于激励的成就需求理论。他在对人的需求进行划分时，并没有按层次、全面地进行划分，而是在人的基本生理需求已经满足的条件下研究人的最主要的需求。麦克利兰研究认为，权力需求、友谊需求和成就需求是人的最主要需求。对一个企业来说，成就需求强烈的人就是其宝贵财富。我们在对企业高层管理者的需求进行把握时，成就需求理论具有积极的借鉴意义和参考价值。但是，在不同国家、不同文化背景下，成就需求的特征和表现到底有何差异，在这一点上，麦克利兰未作详细论述。

1959 年，赫茨伯格（Herzberg）探寻能够改变员工行为、调动工作积极性的激励因素，提出了双因素理论。研究认为：员工工作的积极性主要受两个因素的影响，即保健因素和激励因素，并且认为二者是不相关的。具体地说，保健因素是与工作环境和条件相关的因素，不能直接起到激励员工的作用，但可以通过改善保健因素来防止或消除员工的不满情绪。要想达到有效激励的效果，就要依靠激励因素，与工作内容本身相关的因素属于激励因素，这类因素的改善或者给予这类需求的满足，能够起到有效

① 王承先. 企业员工激励技术[M]. 广州:广东经济出版社,2002:4-8.

的激励作用与效果，从而可以更加充分、有效、持久地调动员工们的积极性。依据上述观点：相较于已经无法对高管人员起到激励作用的薪金、监督等激励方式来说，成长、认可、责任、成就等与工作本身相关的因素就显得重要了①。

（3）期望理论

美国心理学家弗鲁姆（V. H. Vroom）对激励过程进行了进一步探索，以激励复杂性的动机作为研究出发点。1964年，其在著作《工作和激励》中提出了著名的期望理论（Expectancy Theory）。弗鲁姆研究认为，每个人都在一定的预期下行动，即通过个人努力能够产生结果，并且这个结果对个人具有一定的吸引力。因此，组织在设置目标时，要充分考虑对个人需要进行设置的目标应具有吸引力，才能诱发人们产生行为动机，但这种激励受两个因素影响（见图2－2）：

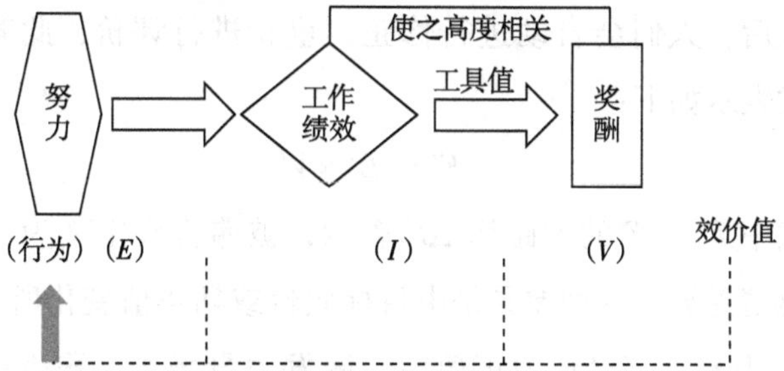

图2－2 弗鲁姆模型②

因素一是目标效价，也称为目标价值，是指某人对所从事的工作将要达到的目标效用的估价或者判断，对组织所能提供的全部报酬的预期价值的主观估计。如果该目标的实现能够满足个人的需要，且对其来说具有较大价值与效用，就能对个人产生较大激励，能够产生较高积极性；反之，如果该目标的实现不能满足个人需要，对其来说价值较小或效用较低，积极性就低。因素二是期望值，指个人对完成或实现目标可能性大小的估

① Herzberg F. I. Worker's needs: The same around the world[J]. Industry Week, 1987(9): 29－32.

② Boyd B. CEO duality and firm performance: A contingent model[J]. Strategic Management Journal, 1995(16): 301－312.

计，即如果一个人觉得完成目标具有较大可能性，就会努力争取，目标对其激励程度就高；如果个人觉得目标实现难度大、可能性低，其努力争取的动力就会降低，目标对其激励程度减弱，甚至消失。

用公式来表示期望理论的基本观点，具体如下：

$$F = E \times V$$

在以上公式中，期望理论中的激励力量或激发力量用 F 表示，期望值用 E 表示，目标效价用 V 表示。只有当期望值 E（Expectancy）和目标效价 V（Valence）同时满足时，才能将激励力量 F 最大限度地发挥出来。弗鲁姆研究认为，目标效价和期望值都是主观的，都是“变量”，这些“变量的组合”就构成了激发力量①。按照弗鲁姆的研究结论，对于同一目标的价值判断而言，不同的人对自己的能力估价是不同的。如果对目标难度的估计过低或过高，对自己的能力和环境估计过于悲观或乐观，经过一段时间的实践后，人们会自动进行修正，重新进行评价，此时激发力量为 F'。用公式表示如下：

$$F' = E' \times V'$$

以上式中 F' 与 F 的差距用 ΔF 表示，被弗鲁姆定义为“感情调整”，是指一种感情差异，这种差异是由目标效价或期望值变化所产生的，能够影响着激发力量：当 ΔF 为正值时，激发力量增大，积极性提高，表明“感情增长”；当 ΔF 为负值时，激发力量减小，积极性降低，表明“感情挫折”。用 ΔG 表示这种积极性的变化，则：

$$\Delta Gi = f(\Delta F, P, A) \qquad (i=1, 2)$$

上述问题所表达的含义是，个人在追求目标的行为过程中，由于受主客观因素变化的影响，目标效价及期望概率的增减会有所变动。当发生情绪波动时，其波动幅度是激发力量差异 ΔF 和本人个性 P（Personality）以及成熟系数 A 的函数。成熟程度高的人，心态较平稳，其积极性不会受感情变动的影响。用三元函数求偏导，即：

① V. H. Vroom. Work and Motivation[M]. New York: John Wiley and Sons, 1964.

$$当\ \Delta F\ 趋于 0 时，\frac{\partial \Delta G1}{\partial \Delta F}\quad 趋于 0$$

成熟程度低的人，心态波动较明显，其积极性会随着感情变动受影响并发生急剧变化。即：

$$当\ \Delta F\ 趋于 0 时，\frac{\partial \Delta G2}{\partial \Delta F}\quad 趋于 \infty$$

弗鲁姆的研究告诉我们，在激励中，要特别注意人对目标效价与期望值的变化，要注意观察因这些变化而导致的 ΔF 值的增减。

在对激励研究的拓展上，弗鲁姆的研究经过了从客观到主观的延伸，从外在激励因素引向内在激励因素，对激励的作用、过程及其复杂性进行了比较充分的说明。如果仅仅简单理解“需求—满足”模型，则对激励过程的客观规律性和有效性把握起来会有一定的难度。激励对象是具有主观意识和感情色彩的，自身就是一个变量，因此，激励目标的设置可以是一个变量，这个变量对激励效果有较大影响，这就更提醒我们在探讨激励问题时应将激励对象的个人特征及个人价值考虑在内。

激励的作用过程是复杂的，但运用简单的数学公式将其过程和效果呈现出来，就显得清晰多了，这就是弗鲁姆的理论贡献。但他并没有将对“期望”变量的研究进行到底，这也是其研究中的局限性。他提出的观点是相当深刻的，如期望值因受人的主观变化影响而改变的观点。一些观点都是极有理论价值的，如上述提出的期望值会因人的主观变化而改变，所产生的变化将导致新的调整，而且把调整成功与否的标准定在人的成熟程度提高上。但是，在弗鲁姆的研究中，并没有具体指出人对目标的认识及自身价值的认识究竟受到哪些影响？人的“感情”变化又是受什么影响？人在激励关系中的成熟程度又该如何去改变和提高？弗鲁姆在研究过程中，也曾试图回答上述问题，然而他的答案并没有按照他的逻辑思路走下去，依旧完全局限在如何设置目标这个客观环节上，对于人本身的主观结构是什么并没有继续研究。

（4）能本理论

韩庆祥作为国内学者代表，提出了能力本位的观点。他认为，人具有一定能力，并且在参与社会生活时是以能力为基础的。具体包括以下理论观点：

①以能力为纽带建立的关系，称为社会关系。若各种关系以能力为核心，建立在能力基础上，就是“能力关系”。每个人都以其各自的能力同他人、集体和社会产生交集，他人、集体和社会也根据这个人的能力同其有各种交集。因此，独立性、平等性、竞争性、开放性就是这种能力关系的特征。

②人最主要的追求是自身能力的提高。在知识经济时代发展背景下，社会在以资本为主体向以知识为主体转变，知识作为一种资本参与企业的生产与经营过程，参与企业利润分配。这种转变下，个体的追求不再是对资本积累的追求，而是转向对知识的获取，并以获得、积累的知识为载体来满足自身的其他需求。因此，对于管理型员工而言，他们自身能力的提高与发展就是最核心、最具有激励作用的因素。所谓能力，主要包括学习能力、创新能力、自我发展能力、自我调节能力和管理能力等。

③按能分配将成为主要的分配方式。人们在经济运行中，都是以各自的创造性劳动谋求未来发展，将这一现实情况运用在分配理论中，即按能分配。主要包括以下内容：A. 在经济运行中，对常规劳动和创造性劳动的区别统一是基本层次。按能分配的理论基础是人力资本论和创造性劳动论。创造性劳动在知识经济时代下、经济发展中具有主导作用。B. 按能分配根植于人的“发展”之中。C. 人的能力是最活跃、最根本的因素，按生产要素分配包括按能分配。推动生产力发展的重要因素是人力资本。

④能力的发展需求是边际递增的。根据新经济理论的研究，经济规律遵循边际递增效应。“能力发展需求是边际递增的”这一结论，是该经济理论的内在核心。当我们有很多钱时，随着边际效应递减，钱逐渐就不那么重要了；但是，当我们的知识、能力有一定的积累时，反而会增加对知识能力的渴求，就会出现边际递增现象。

本书在对高管人员价值的研究中，将能力视为企业高管人员价值的一部分。能本理论研究表明，能力提升是现代人最本质的需求，并提出“按能分配”的观点，这也为本书的研究提供了理论上的支持。企业高管人员对企业的价值主要以其管理能力展示出来，因此，在自身能力增长与维护方面，高管人员有着特别高的需求。

2.3 高级管理层激励与企业绩效关系研究相关理论

大多数对高级管理层激励的研究通常关注高级管理层激励与绩效关系，代理理论是在这一领域内的理论基础。Lazear E. P. （1981）对高级管理层激励与绩效关系的理论研究与实证研究进行了回顾和评论。大多数早期研究者对高级管理层激励水平进行相关性研究时，关注的重点在于管理者激励水平与企业规模、企业利润水平两者之间哪个相关性大。针对 Baumol W. （1967）提出的“企业最大化的是规模而不是利润”的假说进行检验，Lewellen W. （1970）对 20 世纪 40—60 年代近 20 年中财富 100 强中的 50 个公司进行了分析，通过公司委托授权书的数据推断，在决定管理者薪酬方面，会计利润同企业销售收入一样重要。然而，代理理论研究表明，高级管理层的薪酬应当与委托人的目标相联系，而现代财务理论认为，增加股东的收益是委托人的目标，这不一定增加利润或销售收入。

关于管理者薪酬与股东收益（包括股票溢价和股利）之间的关系问题，学者 Jensen M. 进行了分析，其分析基于 1964—1981 年美国 73 个大公司的高层管理者的样本。[①] 研究者 Murphy 通过典型分析，对没有产生管理者薪酬与股价绩效之间的关系进行比较，发现管理者薪酬对股价绩效的弹性是强的，使数据的板块性质得到发展，这个是有统计意义的。他通过对薪酬的几个不同度量进行研究，发现现金和总薪酬对于公司价值的弹性 β 近似为 0.1，薪酬的不同度量包括工资和奖金（现金薪酬）、期权薪酬和总的薪酬。Li J. 和 Coughlan A. T. 研究了高级管理层现金薪酬的变化与企业绩效之间的关系，以 1978—1982 年的 149 个公司的数据为基础，发现薪酬

---

① Jensen M. , Meckling W. Performance pay and top - management incentives[J]. Journal of Political Economy, 1990, 98(2):225 -264.

变化与股票价格绩效正相关。[①] Coughlan A. T. 表明，在差的绩效之后更有可能更换高级管理者，并首次提供证据进行证明[②]。Jensen M. 对管理激励是否足够强存在疑问，即在对高管实施激励方面，高级管理层薪酬与股票价格绩效之间的关系是否对其有意义。他们试图估计出包括薪酬变化、股票和股票期权的价值变化以及差的绩效而导致被解雇的威胁等多种因素的高级管理层的激励，基于大量、多种数据研究分析发现，股东财富每变化1000美元，则高级管理层的财富就变化约3.25美元。其认为，薪酬绩效敏感度过低，导致管理激励在一定程度上没有意义；政治力量可以减弱高级管理层薪酬与企业绩效之间的关系。上述研究结果表明，在对企业业绩方面，经营者报酬的激励作用表现不够明显。[③]

研究者Brian J.（1998）进行了相关实证研究，主要研究商业公司的经营者报酬和其相应的公司业绩之间的关系，数据来源于商业公司近15年的数据，此公司是由美国上百家公众持股的最大商业公司。研究得出的结论是，所持股票和股票价值的变化引起经营者报酬和企业业绩具有较强的相关性，特别是从20世纪80年代起，经营者所持股票期权大幅度增加，引起经营者的报酬水平和企业业绩对经营者报酬的敏感度都有较大增幅。研究者们认为，得出的结论之所以与Jensen M. 的结论不同，是因为1980年以后经营者所持股权的数量增加。股东收益适度的变化可以导致管理者财富出现大的波动，即使薪酬绩效敏感度较小。然而，管理者风险厌恶、企业规模和波动等因素实际上加重了管理者与股东之间的利益冲突，尽管这些因素在一定程度上可以解释低的薪酬绩效敏感度。

基于会计绩效的年度奖金在管理者薪酬中普遍存在，且是重要的组成部分。支付奖金的标准是在绩效超过起点水平后，当绩效继续提高并达到

① Li J. TMT compensation, diversification and incentives[J]. Journal of Financial Economics, 2002, 66(1): 29 - 63.

② Coughlan A. T., Schmidt R C. Executive compensation, management turnover, and firm performance[J]. Journal of Accounting and Economics, 1985, (7): 43 - 66.

③ Jensen M., Meckling W. Performance pay and top - management incentives[J]. Journal of Political Economy, 1990, 98(2): 225 - 264.

一个规定的水平时奖金被封顶。研究者 Over J.（1995）对 20 世纪 80 年代至 90 年代近 10 年的授权书数据进行了检验，针对可自主决定的会计制度进行分析。经过研究进一步证实了在绩效高低不同的情况下管理者操纵盈利的方式，即当绩效高于顶点后管理者向下操纵盈利，反之，向上操纵盈利，并得出如下结论：为了减少盈利年复一年的波动，管理者选择会计制度而不是直接增加年度的管理者奖金。有关奖金计划的数据，研究者 Core 根据来自咨询公司的相关数据，没有发现在绩效低于起点时收入减少的证据。

传统的委托—代理模型确定了管理者薪酬契约中会计绩效度量的作用，即会计度量可以提供有关管理者行为的信息。Banker R.（1989）比较了两种不同情况下的最优契约，一种是当盈利与股价反映公司价值的同一信息时的最优契约，第二种是当盈利仅反映价格中体现的信息时的最优契约。他们推论基于股票的和基于会计的绩效度量之间的冲突，以及最优契约的设计都取决于盈利中包含的信息。

研究者 Core（1998）主要针对会计绩效度量在管理者薪酬契约中的使用问题进行进一步的研究。他认为，“市场调整的收益”与未处理的收益相较而言，会计利润与前者的联系比与后者的联系更为紧密。因此，相对于管理者股票收益的薪酬而言，基于会计绩效的薪酬将更有助于管理者规避其控制之外的因素。Core 研究表明，在股票收益中的市场成分含量高时，CEO 薪酬与会计绩效之间的关系会更紧密，这说明使用基于会计绩效的薪酬契约至少部分地完成了相对绩效评价（RPE）。

综上所述，在薪酬契约中使用相对绩效评价（RPE），这是代理理论中一个主要的经验性预期。第一个对“RPE 假说”进行系统分析的是 Banker R.，尽管 Brian J. 和 Jensen M. 在 CEO 薪酬的研究中也包含了相对绩效度量。Banker R. 对 1948—1977 年 30 年间的 39 个样本公司进行了分离的回归估计，共涉及三个行业，发现 CEO 薪酬的变化与相同行业中的其他公司资产收益的变化不相关，与股东收益的变化相关。他们对行业风险已从线性的薪酬契约中过滤掉了的结论并无任何证据，但是他们发现了在非线性回归中的 RPE 的一些证据，此外还发现薪酬与相对于行业度量的会计绩效相关。研究者 Jensen M.（1990）对 1974—1986 年 13 年间的 1049 个公司的数据进行研究，提供了对 RPE 假说最有力的支持。Brian J.（1998）发现高级管理层薪酬的变化与公司绩效明显呈正相关关系，但与行业或市场绩效明显呈负相关关系，他使用了与 Jensen M. 略有不同的回归方法。

在对企业完成并购后 CEO 的薪酬问题研究中，研究者 Grinstein（2004）发现，CEO 能够接受更多的薪酬的前提是，其对董事会决策有重大影响。同时，研究者也发现，薪酬和并购绩效没有相关关系，但是薪酬和 CEO 成就的衡量方法呈正相关关系。

杨瑞龙（1995）对经理报酬、企业绩效与股权结构进行了实证研究，并以我国上市公司 41 家家电行业为研究样本。研究结果表明，在我国家电行业中，经理报酬与企业股权、企业绩效都无关。魏刚（2000）对公司经营绩效与高级管理人员激励的关系的研究主要基于我国上市公司的经验证据，研究结果表明，上市公司的经营业绩与高级管理人员的年度报酬不存在显著的正相关关系。李增泉（2000）也研究发现，经营者年度报酬与企业绩效并不相关。

对董事的激励研究也有大量的文献，娄芳（2001）研究认为，若要加强独立董事的工作动力，可以考虑为独立董事提供股票期权等。Morck 和 shleifer 等（1988）的研究表明，企业的经营业绩与独立董事拥有股权有一定的关系，若要提高独立董事监督企业经营的效率，可以运用以激励为基础的报酬制度。对于独立董事报酬支付方式的研究方面，谭劲松（2003）研究认为，要把握好“度”的标准，无论采用何种形式进行支付，独立董事不能对从公司获得的收入产生依赖，对独立董事的有效激励和约束可以通过法律保证、声誉保证和经济激励等方式。Anish Shah，Shyam Sunder，李建标（2004）研究认为，随着董事持股比例的增加，薪酬与业绩之间的敏感度不断上升。黄再胜（2004）研究认为，在使用业绩型报酬对独立董事进行激励时，独立董事的独立性与激励强度在一定的区间下存在负向替代关系。孙泽蕤、朱晓妹（2005）研究认为，如果独立董事报酬与公司业绩挂钩，有可能令独立董事丧失独立性，陷入公司事务，甚至与公司管理层串谋操纵公司业绩以获利，所以，将独立董事的报酬与业绩挂钩可能不具合理性。

2.4 小　结

本章首先介绍了高级管理层概念、激励组合的界定及绩效、物质激励、非物质激励等相关概念。其次基于管理激励理论中人性假设，分别从经济学与管理学角度对激励理论进行梳理。经济学研究的着眼点是制度关系，较有代表性的理论包括交易费用理论、代理理论、企业家理论和人力资本理论四个理论。管理学研究的着眼点是人的需求动机，具有代表性的理论包括管家理论、需求理论、期望理论、能本理论四个理论。最后梳理高级管理层激励与企业绩效的关系相关研究文献，通过文献梳理可以看出，众多学者对高级管理层与绩效企业的研究并未得出一致的结论，而对高管人员的激励研究多偏重于物质激励，较少考虑多种形式的激励或者激励组合的形式，基于此，本书对于高管多种激励形式的组合与企业绩效之间关系的实证研究能够进一步展开。基于前期研究的相关观点，本书将在后续章节以陕西制造业上市公司为研究对象，从理论和实证两个方面论证对高级管理层物质激励和非物质激励的必要性，以及“一带一路”背景下高管的激励组合方式对企业技术创新乃至企业绩效的重要意义和影响。

第3章　高管激励组合、技术创新投入与企业绩效相关理论

3.1　技术创新相关概念

3.1.1　技术的内涵

早在100多年前，技术对社会生产和经济发展的巨大作用和贡献，就得到经济学界和管理学界的双重关注。《简明不列颠百科全书》中对技术内涵有“技术是人类控制或改变客观环境的工具或手段”的解释。哲学家们认为，“技术不仅仅是人类为提高社会实践活动的效率和效果而累积、创造并运用的各种物质手段、操作方法、工艺程序、技能技巧和相应知识的汇总，同时，作为一种纷繁复杂的社会现象，它也是人类实践活动的一种特殊方式”。[①] 尼克·冯·汤泽尔曼（1999）研究认为，技术不仅包含知识，还包括技术革新的人为因素。基于此，技术的概念可分为两类：第一类是以专利制度的组织为基础，把技术归于人为产品；第二类是以工程学等学科为基础，把技术归类于知识。从这两种分类方式可以看出，对技术进行的描绘体现了工具性和技术的社会性。

在我国学术界，技术“中性论”与技术“价值论”是对技术定义的两种不同的界定。学者们提出的技术工具论，即中性论者的观点认为，技术作为达到目的的工具或手段，本身是中性的，没有好坏之分，只服从技术

---

① 罗福凯，李鹏．论公司财务视野中的技术与知识[J]．财会通讯，2009(4)：126－127.

使用者的命令。关于技术价值论观点，学者们把技术的本质理解为“一种社会文化实践”，认为技术具有自然属性和社会属性的双重性，技术价值借助技术的应用体现在技术通过自然属性和社会属性对技术使用者发生作用。同时，技术价值论者还认为技术价值在运用过程中有正、负价值之分。

生产中的技巧、技能、核心工具以及相关的工艺、规则和程序都属于技术范畴。技术作为企业重要生产要素，从财务角度来看，实际上就是生产过程中的技巧、技能、技艺以及相关载体。技术的载体具有多样化的形式，如高科技含量的人工产品、文件、人的特殊行为等，但上述形式载体不是公共产品，而是私人商品。在经济社会中，高科技含量的人工产品、文件、人的特殊行为一旦被企业购买后，便成为企业的技术资本。企业资本的投入产出及结构状态对企业的核心竞争力具有一定的影响，换句话说，企业竞争力和未来发展潜力重要的衡量标准是：资源的投入产出比率及资源对企业整体价值的提升。

3.1.2　技术创新的概念

许多专家学者多年来一直在研究技术创新这个课题，这是因为创新是民族进步的灵魂，是国家兴旺发达的不竭动力。专家学者们对创新的原因、过程、影响等进行了深入探究。截至目前，技术创新在国际上尚未形成一个统一的定义。20 世纪初，创新（Innovation）的概念就被美籍奥地利经济学家约瑟夫·阿罗斯·熊彼特（J. A. Schumpeter）在其著作《经济发展理论》[1] 中提出。熊彼特从经济增长的角度，对科学技术与经济发展的关系问题进行了清晰的解释，认为资本主义的资本积累、发展经济最不能缺少的就是“创新”。

技术创新的定义，依据美国国会图书馆研究部的研究分析，可以从狭义和广义两个角度阐释。从狭义来说，技术创新是为了建立高效率、效果

---

① 约瑟夫·熊彼特. 经济发展理论[M]. 北京：商务印书馆，1990.

显著和低生产成本的生产经营系统，通过借助生产要素、条件和组织而进行重新整合的过程；从广义上来说，技术创新是“研究开发—狭义技术创新—创新扩散”的全过程。从上述广义定义来看，技术创新是一个从新产品、新工艺的设想和产生到市场应用的完整过程，换而言之，技术创新的实质是通过将新的产品、工艺、管理方法引入商业化生产系统中，从而获得商业利润，因此，新技术的商品化就是技术创新的关键。科学研究形成创新思路和发明，新产品的开发、试制和生产、市场营销等一系列环节构成了技术创新的动态过程，也被称为“技术创新链”。

熊彼特在其所著的《经济发展理论》一书中阐述了技术创新的内涵，他指出，技术创新是将一种从来没有的生产条件和生产要素进行重新组合，要素经过组合后，再被应用到生产体系中去。经济合作与发展组织（OECD）对技术创新的定义是：通过研发活动实现技术的不断改进以及通过技术创新生产新的产品或工艺。熊彼特把创新定义为：为获取潜在的超额利润的一种生产函数或供应函数的转移，或是在生产体系中引入生产要素的生产条件的新组合。换句话说，创新作为经济发展的一个内在因素包含5个方面的内容，分别是：新产品的生产；新生产方法、新工艺过程的引入；新市场的开辟；新原材料或半制成品供给来源的开拓和利用；新组织方式的采用。熊彼特基于上述5个方面的内容，描绘、归纳出下面三种创新形式，分别是技术创新、市场创新、组织创新。具体解释如下：①技术创新，包括新产品的开发，老产品的改造，新生产方式的采用，新供给来源的获得，以及新原材料的利用；②市场创新，包括扩大原有市场的份额及开拓新的市场；③组织创新，包括原有组织形式的变革，并建立新的经营组织。不仅如此，熊彼特对技术创新与发明创造进行了区别。他认为，技术创新是把发明或其他科技成果引入生产体系，利用那些原理制造出市场所需要的商品，继而使生产系统产生震荡效应。这种科学技术成果商业化和产业化的过程才能称为技术创新。而发明创造仅仅只是一种新概念、新设想，或者至多表现为实验品。

3.1.3 技术创新投入

对技术创新投入概念的界定，学术界暂时还未统一。大部分学者都认为，企业开展技术创新活动时，所投入的资金和科研人员等就属于技术创新投入。但我国学者刘方正等（2009）认为，企业技术创新投入就是企业在改变生产工艺、技术和产品等方面的投入。也有学者从其他角度对技术创新投入进行分析，如李向波、支军等（2007）认为，技术创新投入即资金、人力以及信息的投入。研发投入资金、研发人员这两个指标常常是学者们在研究技术创新投入时的主要考虑对象。考虑到数据的可获得性、可靠性和时效性等因素，本书将选取研发的资金投入作为技术创新投入的替代变量。

3.1.4 企业绩效水平

企业绩效水平可以由企业的一些指标表现出来，如偿债能力、盈利能力、发展能力等。在一定会计期间，企业的经营效益和管理者取得的业绩可以看作企业绩效水平。《韦氏词典》中对绩效水平的界定为：完成具有功能性或者有效能的某种任务或目标。"绩效"一词从字面上可以理解为成就与效果。而对绩效进行更科学的评价时，仅从语言学的角度来理解是不全面的，更要对其内涵加以界定，以说明它的本质属性：绩效是具有实际效果的实践活动结果；绩效是客观存在的；绩效体现投入与产出的配比关系；绩效有正绩效、负绩效之分，是主体作用于客体所表示出来的效用；绩效是可以度量的，是个量值，如果某项东西完全没有度量意义，那就不是绩效。伯纳德（1995）研究认为，企业绩效是获得的全部成果，是在企业开展生产经营活动所取得的。通常采用下列两种方法对企业绩效进行评价，即财务绩效评价法和非财务指标评价法。其中，财务绩效评价法是指依据各种财务指标，对企业的营运能力、盈利能力和发展能力等进行评价，指标包括企业的资产报酬率、股东权益报酬率，以及市盈率和市净率等；非财务指标评价法是依据非财务指标等对企业绩效进行评价，如企业市场占有率、产品和服务的质量和顾客满意度等参考指标，是在上述企业各种财务指标的基础上，再扩大评价范围。

3.2 创新与技术创新理论

3.2.1 创新理论

本书第2章“经济学激励理论”阐述中，已经解释了委托—代理理论、人力资本理论，并对需求层次理论、企业激励理论等管理学的激励理论进行了阐述，本章不再赘述。主要介绍创新理论。

以卢卡斯（1988）和罗默（1986）为代表的一些学者提出了“内生经济增长理论”，该理论认为，经济体系的内部力量，即内生技术变化推动了经济增长，是经济增长的根本原因。罗默研究认为，知识的积累也可以形成规模收益递增，而知识的特殊性也使劳动和资金要素因为知识溢出形成相似的收益递增。因此，知识的投入很重要，也是影响经济增长的重要决定因素，而不是仅依靠人力资本即劳动力的投入和资本投入。从上述研究者的观点中可以看出，在内生经济增长理论中，技术是可控的、内生变量，技术进步是经济增长的核心，他们认为，技术进步、人力资本、知识溢出和制度等都是影响经济增长的关键因素。在旧有的经济理论中所认为的技术是不可控的外生变量的观点，因该理论的提出而发生改变，学者们在此基础上，研究了技术创新与经济发展的关系。目前，企业技术创新的概念随着对创新理论的不断研究，也在不断深化。经济学家熊彼特提出创新的概念，他认为创新是要建立一种新的生产函数，为实现超额利润的目的，可以将之前从来没有的生产要素和生产条件重新组合，或者重新建立全新的生产函数。企业技术创新的内涵更加丰富，企业创新应该包括产品的设计、制造，新工艺的生产，生产技术的革新，以及企业的管理过程不断改进创新、技术扩散等，而不仅仅指技术的首次引入或使用。

企业作为经济发展的微观个体，是科技创新工作的主要承担者、推动者和变革者，只有企业自身不断支持并加大技术研究等相关工作，获得核心竞争力，才能加强企业自身优势，提高企业经营业绩，并能够降低企业成本，同时树立良好的企业形象。因此，企业要想在市场中获得竞争优势，拥有核心竞争力，就必须重视各项创新活动，重视研发活动，对技术创新的投入不能减弱。

3.2.2 技术创新理论

(1) 国外研究综述

20 世纪 20 年代,“创新”概念由经济学家熊彼特（J. A. Schumpeter）在其著作《经济发展理论》中首先提出；到 1939 年，在《商业周期》一书中，“创新理论”进行了较全面的阐述。作者认为，创新（Innovation）就是通过函数的建立，将从未有过的“新组合”引入生产体系，关于生产要素和生产条件的新组合包含以下 5 个部分：①采用一种新的产品；②采用一种新的生产方法；③开辟一个新的市场；④掠取或控制一种新的原材料供应来源；⑤实现一种新工业的组织。熊彼特认为，企业家是一切创新的源泉，他们通过专门打翻和瓦解旧有的一套体系，在企业中从事“创造性的破坏”工作。企业家们有强大的人格魅力，有天生的影响力，有坚忍不拔的意志，他们善于发现产生利润的机会。因此，企业家的创新对企业增长起着决定性的作用。1986 年，Schumpeter 开展了更多的研究，在对创新展开的新探索中发现，高科技公司愿意增加研发投入的原因是为了获得较强的垄断力，给投资者一个有巨大发展潜力的信息。

索洛（S. C. Solo）（1951）全面研究了技术创新理论，他所做的研究在技术创新理论领域具有里程碑式的意义。在 1951 年发表的《在资本化过程中的创新：对熊彼特理论的评论》一文中，他首次提出实现技术创新应具备的两个条件——新思想的来源和后续阶段的发展实现。

伊诺斯（J. L. EnoS）（1962）研究认为，“技术创新是发明选择、资金投入保证、组织建立、计划制订、工人雇佣和市场开辟等一系列行为的综合结果”。在《石油加工业中的发明与创新》一文中，他明确定义了技术创新的含义。

林恩（G. lynn）（1968）研究认为，技术创新是源于认识到技术创新的商业潜力，并最终将其完全转化成商业化产品的整个行为过程。他是从创新的时序过程的角度来界定技术创新的。

厄特巴克（J. M. Utterback）（1974）研究认为，技术创新与发明或技术样品相比，是技术的实际采用或首次应用，该观点是他在1974年发表的《产业创新和技术扩散》一文中提出的，并使其在学术界独树一帜。

弗里曼（C. Freeman）（1973）在发表的《工业创新中的成功与失败》一文中提出，"技术创新是技术、工艺和商业化的全过程，其导致新产品的市场实现和新技术工艺与装备的商业化应用"。技术创新不是技术概念，而是一个经济概念。在创新管理中，通常把现行技术和生产系统的改进，产品质量的改善与特性的改进，以及企业的更新当作是创新。显然，某项单纯的技术或工艺发明不是技术创新，它是一种不停运转的机制。1982年，弗里曼在《工业创新经济学》的修订本中明确指出：技术创新就是指新产品、新过程、新系统和新服务的第一次商业化的转化。

美国国家科学基金会 N. S. F（1976）在《1976年：科学指示器》一文中，将技术创新定义为：在市场中引入全新的或经过改进的产品过程或服务。其中，明显的模仿和未经过新技术知识的改进，属于两类较低层次上的创新，也被引入技术创新的范畴之中。这是美国国家科学基金会 N. S. F 历经20年对概念不断修正得出的结论。

1985年，缪尔塞（R. Mueser）对多种技术创新定义的观点和表述进行了系统的整理和分析。他收集了300余篇相关论文，其中有近75%的论文将技术创新的概念大体表述如下：技术创新就是一种程序，是由一个新想法和非连续的技术活动在经过一段时间后发展到实际和成功应用的程序。在此研究基础上，缪尔塞（R. Mueser）赋予技术创新新的定义：技术创新是一个有意义的非连续性事件，是以新颖的构思和成功实现为前提的。这一定义突出了技术创新两方面的特殊含义：第一是活动的非常规特征，包括新颖性和非连续性；第二是活动必须得以成功实现。

Sougiannis（1994）对企业研发投入产出进行了研究，研究表明，企业每投入1美元的研发支出，在未来的7年里将给企业带来2美元的盈余，同时增加5美元的市场价值。Admati 和 Pfleiderer 对高科技公司的研发密度与投资价值等关系进行研究发现，对于高科技公司来说，当企业研发密度增加时，未来成长机会在企业价值中所占的比例会提高，资产的特殊性也会增强，投资价值也会随之增加。

Zhengdeng（1999），Lev 和 Francis Narin（1970）进行了大量实证研究，以专利数、研发密度等为解释变量，分别研究变量对企业成长机会与股票报酬的影响，实际上，这也就是研究技术创新投入、中间产出对最终收益性产出的影响。研究结果显示，研发密度、专利数对企业成长机会与未来的股票报酬率存在显著正相关关系。

21世纪，关于企业研发对企业相关影响又有更多的实证研究。如 S. David young 和 Stephen F. O' Byrne（2000）的研究表明，企业研发支出对企业未来的成长具有显著的影响；Garner，Nam 和 Ottoot（2002）研究发现，研发支出影响企业的创新效率，创新效率是影响企业价值的重要因素。

Sharma（2003）对研发战略进行了研究。Sharma 通过对澳大利亚的制造业进行研究发现，研发战略不仅能够提高企业在国内外市场上的销售增长率，而且能够保持更高的行业增长趋势，如研发战略对于出口型企业或者在成长阶段的企业来说非常重要。

Hu，Alg 和 Jefferson（2003）以中国北京地区大中型工业企业为样本，以 R&D 投入函数、生产函数和利润函数3个函数为工具，研究了 R&D 投入与企业业绩的影响。研究发现，R&D 投入对企业业绩的影响是显著的，但对于不同的行业来说，影响的显著程度又是各不相同的，并且影响程度随着时间的推移变得越来越小，R&D 的投入与企业规模不存在显著相关关系。

Philipp Koellinger（2008）分析了企业技术创新投入与企业绩效的关系，他们以欧洲7302家企业为样本进行研究，研究表明，技术创新与营业额的增加、就业率的上升存在一定的正相关关系，但技术创新投入与企业绩效不存在显著的相关关系，也就是说，技术创新投入不一定能给企业带来更高利润。

In Hyeock Lee 和 Matthew R. Marvel（2009）对 R&D 投入与企业绩效关系进行研究，他们以韩国 2676 家国际中小型企业为研究样本，研究发现，R&D 投入与企业绩效呈水平倒置的“S”形关系，同时研究表明，区域定位能促使 R&D 投入与企业绩效的关系稳定。

（2）国内研究综述

1981 年，张培刚、厉以宁两位教授在《国外经济学讲座》一书中向人们介绍了熊彼特的创新理论，以及熊彼特之后的创新理论的发展。

国外创新的最新研究成果自 1986 年后，由国内一些学者逐渐开始介绍传播，技术创新研究如雨后春笋，开始全面深入，人们对技术创新的重要经济意义有着越来越深刻的认识。例如：国内有关技术创新经济学的第一部著作是由柳卸林编写的《技术创新经济学》（1993）；张方源在《科学管理研究》（1992）发表了《技术创新理论及其研究论述》；万君康、李强在《科技进步与对策》（1992）发表了《技术创新的战略与策略》。

对技术创新概念也有从不同的角度进行界定，如冯鹏志（1997）从社会学角度对技术创新这一概念进行界定，他认为，技术创新是以引入新技术设想为起点，由具有创新意识的主体所发起和实践，以成功开拓市场为目标，经过决策、研发、技术转化和扩散等环节，从而达到在高层次上整合技术和各种生产要素，并最终达到改变技术创新主体的经济地位和社会地位目的的社会行为。

傅家骥（1998）对技术创新这一名词进行了定义：技术创新是包括组织、科技、商业和金融等多种活动的综合过程，具体来说，是企业家以商业利益的获取为目标，以市场潜在盈利为动力，借助生产条件和要素的重新组织，建立起效率更高、效能更强和成本更低的生产经营系统，继而推出新产品、新工艺方法、开辟新市场、获得新的原材料或半成品渠道，或者建立企业新组织。

也有学者从社会化角度来对技术创新进行概念界定，如黄志强（2001）研究认为，技术创新是一种企业的社会行动，而这种社会行动通过新科学技术与经济的结合最终产生经济效益和社会效益，故而它需经历一个社会化过程。他将技术创新看作一个动态的过程，这个过程总体上由创新信息的收集与处理、创新决策、技术研发、转化、设计、生产、营销与再创新等环节构成。徐庆瑞（2001）认为，技术创新是一个为了满足社会需要而将智力、物力与劳动力转化为产品的过程，是对现有知识的重新排列和组合，是新技术的首次商业化应用，也是科学知识直接转化为现实生产力的阶段。

王核成（2001）在其研究中，以 R&D 投入与产出的分析为基础，深入地探讨了 R&D 投入与 R&D 投入组合、对 R&D 战略、市场导向与项目选择、二次转换效果等因素的影响。研究结果表明，R&D 是企业发展的源泉和内动力，是企业取得长期竞争优势的基本保证。

陈凤杰（2002）对技术创新进行了定义，在其所著的《中小企业创新》一书中认为：技术创新就是以创造企业利润和实现经济价值为目的的活动，将全新的技术与知识应用于企业的正常生产管理中。

国内的学者还从不同角度进行了实证分析：

何玮（2003）对研发支出对产出的影响进行了实证分析，运用 Cobb - Douglas 生产函数，以我国 1990—2000 年大中型工业企业为研究对象，结果表明，我国大中型工业企业技术研发支出仅在未来 3 年左右的时间对产出产生影响。

林祝英、刘正义（2003）两位学者对横断面数据与面板数据（时间数列）进行回归分析，选取 462 家（1986—1989 年）中国台湾上市电子信息类公司为研究样本。回归分析实证结果表明：企业的研发支出与资本结构显著负相关，研发支出与成长性正相关，较国外研究，结论基本相同。

于宁（2005）对 R&D 经费支出的绩效进行实证分析，在构建了一套包括经济性指标、效率性指标和有效性指标的 R&D 经费支出绩效评价体系基础上，以 1995—2003 年我国的企业为研究对象进行分析，结论表明，我国 R&D 投入未给企业带来较好的绩效。

石德江、裴蓉（2006）细分了技术创新投入并比较了贡献性，相对传统研究而言有一定的进步性。研究者们运用典型相关分析方法，分析技术创新投入和产出的关系和各指标与两者的相关性。研究表明：技术创新投入和产出两者关系紧密；同时，人力投入较财力投入对新产品开发和技术创新中间产出的影响更大；财力投入较人力投入对收益性产出的影响更大。

白立红（2007）将财务绩效分为稳健性、盈利能力、成长性及经营效率四个方面，对企业财务绩效的众多影响因素进行了分析，最后得出结论：在企业的长期发展中，技术创新对企业财务绩效有着非常重要的影响。

李鹏（2009）对财务政策和技术研发支出的相关性进行了研究，选取财务政策的相关变量作为被解释变量，研发密度为核心解释变量，以资产负债率、短期债务比率及现金持有比率为代表的财务政策指标，采用规范分析与实证研究相结合的方法，验证财务政策和技术研发支出的相关性，并得出技术创新投入即研发支出，对企业盈利能力即净利润率存在较显著的正相关性影响。

冯文娜（2010）分析了 R&D 资金投入、R&D 人员投入与专利产出、新产品产出、创新绩效及企业盈利能力等企业创新产出之间的相关关系，以山东省高新技术企业为研究样本，结果表明，研发资金投入与新产品产出、专利产出、创新绩效正相关关系显著，研发资金投入强度与企业盈利能力正相关关系亦显著，但是研发人员投入与专利产出、新产品产出之间不存在显著的相关关系，与创新绩效弱负相关，而研发人员投入强度与企业盈利能力呈显著正相关关系。

赵晖（2010）通过对 139 家高新技术企业 R&D 投入强度的实证分析，从 R&D 投入强度与技术人员投入强度的角度，得出企业的组织绩效与 R&D 资金投入强度和技术人员投入强度的关系，分析表明，投入强度与企业绩效呈现显著的正相关关系。

祁婷婷（2018）以我国沪深 A 股上市公司制造业与信息技术企业为研究样本进行实证研究，研究表明，企业进行技术创新会带来企业经营绩效的提升，技术创新投入与企业绩效之间具有正相关关系。

3.3　技术创新投入与企业绩效之间关系综述

早在 2005 年，英国贸工部（DTI）便对企业创新研发活动进行相关研究，发布了全球规模最大的企业研发排行，并在分析报告中表示，企业研发活动与企业经济效益呈正相关关系，即企业大规模地进行创新研发活动会给企业带来经济效益的增长。大量文献研究结论也表明，企业加大研发投入会促进企业绩效的提升。企业研发投入的直接成果表现为专利、技术以及新产品产生，以上这些成果都受国家法律的保护。企业若有一定的研发投入，一旦研发活动成功，便立即获得一系列的竞争优势。随之而来的是，企业可以依据其核心竞争力在同行业中占据垄断地位，并最终获得高额利润。

企业生产方式和技术的改善，企业品牌价值的提升，以及新市场的开拓等活动都需要基于一定的研发投入，获得的相应的改善与提升可以在一定程度上帮助企业，如增强核心竞争力，降低生产成本，减轻企业的负担等，不仅能够提高企业的经营绩效，还可以实现企业的可持续发展。企业开展技术创新活动能够提高市场竞争力、实现可持续发展。企业要想发展就需要不断地变革，企业变革的核心就是“创造性破坏”（熊彼特）。企业只有不断创新才能产生超额利润，这也一直是企业家所追求的。生产要素重新组合的实现有赖于创新，继而形成新的竞争优势。企业中的技术创新能够促进产品结构调整，最终企业实现市场的控制能力增强，形成并提高企业核心竞争力。企业在生产运营中，技术创新有助于企业生产成本以及相关费用的降低，使生产率有效提高、市场环境适应性增加，这些效应都为企业扩大市场占有率、提升企业营运能力奠定了基础。综上可以看出，企业的盈利能力和营运能力的提升，可以通过技术创新投入的方式，以提高销售额和降低各种相关费用为途径来实现。

3.4 高管激励对技术创新投入影响综述

对于一些发达国家的技术创新水平、各种激励方式在国外早有研究，研究结果表明，技术创新水平较高时，激励方式比较成熟和完善。相较而言，高管激励在国内也一直是研究的一个热点，对高管激励与技术创新的研究更加深入、具体。在企业的生产活动和创新活动中，如何设计高效率、低成本的高管薪酬契约对企业具有重大影响。国内外关于高管激励的研究主要包括货币薪酬激励、在职消费激励、股权激励等方面。

首先，货币薪酬激励对技术创新的影响相关的国外研究包括：Finkelstein，Hambrik（1996）研究认为，在高新技术企业中，高管要减少风险损失，非常需要高报酬。这是由于如果高管决定进行创新活动，研发投入随之增加，会带来较大的风险。Tosietc（2000）研究发现，如果管理者仅获得有限的货币薪酬和奖金，那么可能会因为风险和收益的不对等而逃避创新投资，因此，对管理者来说，创新是一种风险级数较高的投资项目。Balkin，Markman 和 Gomez－Mejia（2000）等研究认为，在高科技企业中，高管的短期、长期薪酬都会不同程度地影响企业创新，但是长期薪酬对创新的影响很微弱；与此相反，在其他普通企业中，高管的短期薪酬和长期薪酬都与企业创新无关。Cheng（2004）以美国 500 强上市公司为研究对象，通过分析 500 家上市公司的高管薪酬激励是否能够增加创新活动的研发支出，最终得出，高管薪酬激励能够促进研发支出，说明这些公司建立的高管薪酬激励体系是有效的。Fu（2012）研究认为，虽然高管创新的积极性可以通过货币薪酬方式提高，但却是短暂的，这是因为货币薪酬与其他高管激励方式相比，具有短期性的特点，对创新活动的完整性有不利的影响。

货币薪酬激励对技术创新影响的国内研究包括：张宗益、张循（2007）研究认为，在高科技企业中，高管的平均货币薪酬对研发创新活动具有正向影响作用，但是高管平均持股比例对研发创新活动没有影响。刘振、宋献中（2010）对我国上市公司高管激励和 R&D 投入之间的关系进行研究，研究认为：目前我国资本市场还不太完善，高管股权激励中高管持股较少，无法发挥股权激励的效用；高管薪酬激励与 R&D 投入负相关，说明我国的高管激励体系在实践中还不成熟。张显武、魏纪泳（2011）对货币薪酬和技术创新投入的关系进行实证研究发现，二者之间存在显著正相关关系，提出较高的货币薪酬是激励上市公司高管提高技术创新投入的有效手段之一。陈胜蓝（2011）对高管薪酬激励和 R&D 投入之间的关系进行实证研究，以信息技术行业的企业为研究对象，研究发现，高管薪酬可以促进 R&D 投入，说明薪酬激励体系有效。陈修德等（2015）对2004—2012 年中国沪深两市 A 股全部工业上市公司的研发数据进行研究，发现高管货币薪酬与企业研发效率显著正相关。苗淑娟、夏朦、孟庆顺（2018）探究了在不同终极控制权性质下高管激励和研发投入之间的关系，以医药类上市公司 2013—2015 年的数据为研究对象，研究发现，高管薪酬与研发投入呈倒“U”形关系，高管薪酬需要在一定限度内才能促进研发投入。

其次，国外对企业在职消费激励对技术创新的影响相关研究主要包括：Hirsch（1976）认为，激励高管不断奋进的动力可以源于足够高的在职消费，让高管充分体会到身份和地位的优越感，从而转化为为公司创造更多价值的行动。Williamson（1979）研究认为，在企业实际运营过程中，在职消费也会成为一种机会成本，并损害公司的利益，特别是当高管获得的在职消费与业绩严重脱离的时候。Fama（1980）认为，与其他激励方式相比，在职消费资源成本低且有利于企业业绩的增长。Henderson 和 Spindle（2005）研究认为，拉拢高管可以通过在职消费的方式，在职消费的积极作用表现在：高管对公司的忠诚会更加牢固，更愿意做出一些实质性贡献，有利于公司发展。Rajan 和 Wulf（2006）研究认为，在职消费如果是合理的并且适当的，则有助于提高企业的管理效率和公司价值，但需要对在职消费把握一个度。Adithipyangkuletc（2011）以 1999—2004 年中国上市公司为研究样本，研究表明，针对公司当期和未来的经营业绩而言，在职消费具有正向影响。Chen（2015）研究发现，在职消费作为一种激励方式和手段，在高管激励中也是有效的，能够促进高管努力工作，从而提升企业价值。

企业在职消费激励对技术创新的影响相关的国内研究包括以下内容：卢锐、魏明海、黎文靖（2008）研究发现，在我国，很多上市公司的高管薪酬激励体系存在货币薪酬过低、在职消费监管宽松、股权激励不成熟等各种各样的问题，与西方企业相比还不完善。黄继承、秦义虎（2010）等以我国上市公司为研究对象，研究发现，在职消费与员工工资存在正相关关系。在国有企业中，高管获得更多对身份和地位的满足感主要来自在职消费，其能够激励高管努力工作、提高公司价值。梁上坤、陈冬华（2014）研究发现，当业绩波动性较大时，在职消费契约可以更有效地降低信息不对称带来的代理成本。高明华（2015）等研究认为，当管理层权力过大时，在职消费和超额薪酬则容易侵害股东利益，对公司业绩产生负向影响，并分别从"效率观"和"代理观"解释了在职消费，认为在职消费作为货币薪酬的补充时，才对企业的业绩有正向影响，在职消费表现出较强的"效率观"。孙世敏、柳绿、陈怡秀（2016）等研究发现，在中国上市公司中，在职消费包括货币薪酬补充、正常职务消费及自娱性消费三种方式。

最后，股权激励对技术创新的影响相关的国外研究包括：Zahra（2000）以美国 239 家上市公司技术为样本对其创新情况进行研究，研究发现，高管持股正向影响技术创新投入，即高管持股越多，技术创新投入越多。Marianna（2006）对股权激励与技术创新关系进行实证研究，以 1992—1995 年 4 年里 206 家高科技企业为研究样本，研究结果表明，股权激励能够正向影响技术创新。Wu 和 Tu（2007）对高管股权激励对研发投入影响进行研究，发现两者之间关系显著，即股权激励能够促进研发投入，且在企业业绩较好的时候，这种关系更显著。Bulan 和 Sanyal（2011）研究股权激励对企业研发投资及产出的作用，发现前者对后者具有显著的正向作用。Linetc（2011）发现，在民营企业中，管理者股权激励越多，研发投入就越多。Geletkanycz（2011）研究发现，高管持股能够减少管理者与所有者的利益冲突，能使管理者更加关注公司整体的利益，对研发投入具有正向影响。Fu（2012）研究发现，股权激励方式在股东对高管的监督较弱的情况下，是一种有效的激励方式，对于高管在考虑企业利益的基础上进行研发投入具有引导作用。

在我国，关于股权激励对技术创新影响的相关研究主要包括：刘运国、刘雯（2007）基于股权激励和研发投入关系进行实证分析结果表明，高管股权激励对研发投入具有积极的正向影响。刘伟、刘星（2007）分别以高科技企业和非高科技企业为样本，对股权激励与研发支出的关系进行研究，研究结果表明，在高科技企业中股权激励越多，研发支出就越多，但在非高科技企业中两者关系不明确。唐清泉、曹媛等（2009）以高新技术企业为研究样本，对股权激励和技术创新投入之间的关系进行研究，结果表明，股权激励对技术创新投入有积极的作用。张晖、万解秋（2010）对我国拥有股权激励的企业创新情况调查研究，结果显示，股权激励对创新没有显著作用。张洪辉、夏天等（2010）对高管持股比例和创新效率之间的关系进行了研究，研究显示，高管持股比例与创新效率之间存在正相关关系。夏芸、唐清泉（2011）从不同产权性质角度出发，对高管薪酬对创新的影响进行研究，研究表明，在创新活动的作用上，央企相较于民营企业，采用股权激励比货币薪酬对创新活动有加更利。汤业国、徐向艺（2012）以我国中小企业为研究样本，对股权激励和技术创新投入之间的关系进行研究，结果发现，两者之间呈现出倒“U”形曲线关系，并非简单的线性关系。通过进一步研究表明，产权性质会影响股权激励和技术创新投入之间的关系，具体来说，国有企业中股权激励正向影响技术创新投入，而在非国有企业中则表现为倒“U”形曲线关系。何霞、苏晓华（2012）以高科技企业为例，对股权激励与创新活动关系进行研究，得出股权激励与创新活动密切相关，股权激励能够增加研发支出的结论。徐宁（2013）在对中国高科技上市公司 2007—2010 年的平衡面板数据收集基础上进行实证研究，研究显示，高管股权激励与研发支出之间呈“倒 U”形曲线关系，股权激励会出现临界点，达到一定程度，随着股权激励的增加，研发支出就会减少。翟胜宝、陈紫薇（2016）为探究高管股权激励与创新的关系，以 2006—2013 年的 A 股制造业上市公司为样本，研究发现，股权激励会促进企业创新。谢会丽、蒋巍等（2018）对中国上市公司高管激励和研发投入的关系进行了研究，研究发现，晋升激励阻碍了研发投入，货币薪酬激励和股权激励都能够促进研发投入。

基于上述国内外的文献综述，大部分学者在研究高管激励对技术创新投入的影响时，认为前者对后者具有有利的作用与正向影响，但也存在少数学者认为前者对后者没有积极影响或是具有负向影响的。由于研究对象的不同，导致了这种差异的产生。综上可以看出，研究问题时，要尽量做到使研究对象细致化，所得出的研究结论才更具有指导意义，这点在研究高管激励中是非常必要的。

3.5 管理层权力相关研究综述

对管理层权力的研究方面，国外相对比较成熟，首先对管理层权力做出相对科学的衡量的是 Finkelstein（1992），他在其研究中，将管理层权力按照权力的不同来源分为结构权力、专家权力、声望权力和所有权权力四个维度。管理层权力的膨胀容易造成薪酬的过度攫取，减弱薪酬的激励效果，管理层权力一直是解释薪酬效用低下的重要因素。Main（1993）研究发现，在现代公司体系中，很多外部董事已经成为管理层的合作伙伴，对管理层的监督已经丧失，管理层可以控制独立董事的实际提名可能是主要原因。Core 等（1999）研究发现，管理层权力越大，高管自定薪酬的能力就越强，货币薪酬也越高，这在治理薄弱的公司中表现明显。Bolton 等（2006）研究发现，当管理层权力不断增加的时候，管理层更容易且更有动机通过关联交易满足私利。Fahlenbrach（2009）研究发现，管理层的权力与高管薪酬成正比，管理层权力可以影响薪酬，权力越大，高管薪酬越高。Rebacca 等研究者（2010）认为，公司利益被高管侵占的实质是高管利用手中的控制权违背所有者的意愿，不断为自己谋取利益。Morse（2011）研究发现：管理层权力往往受董事会的约束，尤其是独立董事的制约；管理层权力越大，其获得的薪酬越高。

率先从国外引入管理层权力理论的是学者卢锐。对管理层权力的研究在我国起步相对较晚。卢锐（2008）对管理层权力与在职消费的关系进行了研究，研究发现，两者呈现正相关关系，高管攫取更多的私人收益正是利用了手中的权力。慢慢地，关于管理层权力对薪酬契约的影响逐渐受到其他学者的重视。大部分文献均认为，为了有效避免管理层权力对薪酬产生的负面影响，权力的监督和约束必不可少。吕长江等研究者（2009）认为，国有企业与非国有企业相比，内部控制人现象更加严重，高管的控制权往往更大，薪酬激励契约有可能成为高管“中饱私囊”的捷径，股权激励的特性使其容易被高管操纵，进而获得收益。王清刚、胡亚君（2011）研究发现，随着管理层权力越大，高管薪酬与业绩的不对称性就越明显。王烨等（2012）对管理层权力对股票期权行权价格影响进行研究发现，管理层权力会影响行权价格，管理层权力越大，股票期权的行权价格越低。郭红彩（2013）对管理层权力与公司分红之间的关系进行了实证研究，发现管理层权力会负向影响现金股利支付率。张铁铸、沙曼（2014）认为，管理层权力会影响在职消费，管理层可能会利用手中的权力为自己谋私利，即管理层权力越大，越容易获得更多的在职消费，但在民营企业中有较强能力的高管利用管理层权力谋私利的可能性较小。孙园园等（2017）认为，大股东掏空行为可以成为高管薪酬卸责的借口，进而影响薪酬激励效果，在管理层权力较大时，股东对高管的监督能力变弱，高管会影响薪酬的制定和实施。他们从薪酬辩护的角度研究了大股东掏空行为对高管薪酬激励的影响。宁青青、杨宝（2017）在代理理论、权力制衡治理理论的基础上，对机构投资者持股、管理层权力寻租对公司分红的影响进行研究，研究结果表明，管理层权力寻租不利于公司分红决策的实施。

从上述国内外的关于管理层权力相关文献中发现，管理层权力较容易产生新的代理问题，尽管在一定程度上可以提高决策的速度和工作效率。综合国内外学者对于管理层权力和薪酬的研究，得出如下结论：高管的自利行为会受到管理层权力的诱发，主要表现在非正常增加的高管薪酬，即对薪酬产生消极影响。

3.6 高管激励对技术创新、企业绩效调节作用综述

国内外学者对高管激励相关问题一直较为关注，因为其是公司治理的重要组成部分。对高管激励和企业业绩的研究是最开始研究的集中点。随着科技创新的发展，对高管激励和技术创新之间的联系的相关研究越来越多。国外发达国家高管激励方式多种多样，由于资本市场较完善，除了货币薪酬、在职消费和股权激励，对于其他激励方式相关研究的理论成果也较丰富。货币薪酬、在职消费和股权激励的研究是国内高管激励的三个主要研究方向，受国内资本市场不太完善，研究方法和内容较局限等因素的影响，对高管其他激励方式的研究匮乏。在上述三种激励方式中，货币薪酬和股权激励是研究重点，在职消费的研究较少。对于高管激励与技术创新投入的研究，国内外学者并没有形成一致的结论，有以下两个原因：首先，外部因素影响，如选取的样本、样本区间，地域等因素；其次，内部因素的影响，如管理层权力、内部控制程度以及董事会等因素。随着科技创新日益重要，很多学者在高管激励对技术创新投入的影响方面做出大量研究，但是对管理层权力对高管激励和技术创新投入的影响研究不够深入，理论研究不够完善。

企业的创新研发活动成功与否，不仅与企业绩效高低直接相关，更关乎企业未来、长远的生存发展。作为企业重大战略的决策者——企业高管，他们对企业创新研发活动至关重要。然而，对企业绩效、企业创新研发投入、高层管理者三者关系进行研究的文献较少，有关高管激励、技术创新投入与企业绩效的关系研究多是对两两关系的研究。Hall 和 Oriani（2006）通过对美国、英国、德国和法国四个国家的上市公司样本进行研究，发现法国在大股东持股对技术创新投入和公司市场价值关系的调节作用上较为显著。在国内关于三者关系的研究方面，张青（2007）等研究表明，处于新兴市场中的企业为提升企业绩效，能够设计合理的薪酬激励体系并保持相对较高的股权集中度，以此来促进管理者更加重视企业技术创新投入。Chung 和 Shen（2009）研究发现，若企业治理结构是完善的，只

要增加研发投入就会使经营绩效提升，他们在对公司治理对企业研发支出和绩效的调节作用进行考察时，重点考虑公司治理监督和激励两个方面。任海云等（2008）认为，对高管实施股权激励更有助于高管积极开展研发活动，从而促进企业绩效的提升，公司治理因素在技术创新投入与绩效关系间存在调节作用。马文聪等（2008）研究表明，在研发人员投入强度与企业绩效之间的调节作用上，高管薪酬激励表现较为明显。齐秀辉（2009）以中国上市公司作为研究样本进行实证分析，其研究发现，对高管采取股权激励的方式对于研发投入与企业绩效的提升方面有促进作用，但薪酬激励方式的调节作用表现不显著。

国内目前在研究技术创新投入与企业绩效的关系时，在调节变量选择上，对物质激励与非物质激励作为调节变量的研究较为缺乏，以非物质激励作为调节变量进行的研究更加匮乏，大部分都集中在公司特征、治理结构和市场环境因素上。

3.7 小　结

本章首先介绍了创新、技术创新的基本概念与内涵，在此基础上梳理了创新理论、技术创新理论的相关研究文献，尤其总结了国内外研究学者对技术创新相关理论的研究。其次对以下相关文献进行了梳理：第一，阐述了技术创新对企业绩效的影响，大多数学者的研究表明，企业绩效的提升有赖于企业研发投入的加大。第二，对高管激励对技术创新投入的影响方面进行阐述，主要从三种激励方式，即货币薪酬激励、在职消费激励、股权激励，从技术创新投入影响的角度进行分析。综合国内外的文献可以看出：基于研究对象、样本的不同，采取的激励方式不同，研究学者在高管激励对技术创新投入是否存在积极影响没有统一的结论，大部分学者在高管激励对技术创新投入的积极影响方面持肯定态度，但也存在少数学者持反对意见，认为高管激励对技术创新投入无影响或者存在负影响。第三，对管理层权力进行相关文献研究综述，发现探究管理层权力对高管激励和技术创新投入的影响的相关文献资料较少，理论研究还不够完善。第四，对高管激励对技术创新、企业绩效调节作用进行文献综述，发现国内目前在研究技术创新投入与企业绩效的关系时，在调节变量选择上，对物质激励与非物质激励作为调节变量的研究较为缺乏，以非物质激励作为调节变量进行的研究更加匮乏，大部分都集中在公司特征、治理结构和市场环境因素上。基于前期研究的相关观点，本书将在后续章节以陕西制造业上市公司为研究对象，从理论和实证两个方面论证。对高级管理层物质激励、非物质激励与企业绩效；物质激励、非物质激励与技术创新的相关关系；以及物质激励、非物质激励对技术创新、企业绩效的调节关系进行研究。

第4章　上市公司高级管理层激励组合理论模型分析

4.1　企业内对高级管理层激励组合研究现状

20世纪80年代，动态博弈理论被引入委托—代理关系的研究中，通过在代理关系下的多次重复论证，研究发现，能够发挥代理人作用的激励机制包括竞争、声誉等隐性激励。Fama（1980）认为，公司高级管理人员从改进自己在经理市场上的声誉的角度考虑，在没有显性合同的情况下，也会积极努力工作，从而提高未来的收入。①

早前的研究者在对企业内高管人员的激励研究中，对非物质激励的作用研究较少，主要的研究重点在于物质激励，即物质性报酬方面。例如，Jensen和Mechling（1976）对所有权激励进行研究，② Jensen和Murphy（1990）对薪金激励和股票/期权激励进行研究。一般而言，非物质激励无论对所有者还是对高管人员都会带来效用。由于高管人员的需求是多层次的，若要达到自身需求的满足，可以通过非物质需求的满足来实现；同时，考虑到激励成本问题，非物质激励可以降低企业所有者的激励成本。因此，李垣等（2002）在激励成本约束下，对公司净收益问题和高管人员人力资本价格问题进行探讨，研究在如何实现其最大化目标时的高管人员

---

① Fama E. Agency problem and the theory of the firm[J]. Journal of Political Economy, 1980, 88(2): 288-307.

② Jensen M., Meckling W. Theory of the firm: Managerial behavior agency costs and ownership structure[J]. Journal of Financial Economics, 1976(3): 305-360.

最优激励组合问题。李垣和孙恺（2000）在对高管人员激励机制的作用方式划分基础上，分析了隐性激励对高管人员分配行为的治理作用。认为高管人员激励方式分别为显性激励与隐性激励，隐性激励所发挥出的作用对个人行为努力水平产生影响，而且对显性激励的作用在某种程度上是一种补充，在影响、改变高管人员的行为选择上，两者结合起来会更加有效。

物质性显性激励方面的研究往往都是国内外关于公司高管人员激励的研究重点，研究成果较丰富，关于隐性激励的研究成果不够丰富，而从物质与非物质激励组合角度对公司高管人员进行研究的文献更加稀少。本书认为，对高管人员的激励不只在物质激励方面，更需要非物质激励的补充，可以达到使激励效应增加的同时降低激励成本。在本章节中，笔者尝试从理论上对物质激励与非物质激励组合模式做一些探讨。

4.2 企业高管人员激励组合模式

在设计高管人员激励机制时，对个人能力、自身素质及隐性需求等因素要着重考虑，因为企业高管人员激励的安排受到以上因素的直接影响。

4.2.1 奖金与期权激励方式

奖金与期权激励的方式也是基于绩效的激励形式。企业对高管人员提供的超额贡献所支付的报酬称为奖金。当前我国某些企业对待奖金分配问题没有切实的依据，量化考核缺失，因此无法与企业、岗位所产生的效益挂钩，还停留在简单切块、平均分配的水平上，缺少激励，在一定程度上有失公允，因此，对贡献大的高管人员来说，会影响到其情绪和期望值。在一些实施期权激励方式的企业中，也存在缺乏绩效作为依据的情况。基于绩效设计的奖金与期权分配方案如图 4－1 所示，该三维坐标体系的横坐标代表绩效值，按照箭头方向，越向右表示高管人员的绩效越大；纵坐标表示期权数，越向上表示期权数逐渐增大。坐标中三条平行的实线表示随着绩效排序的变化高管人员所得到期权量的变化，其中实线的高低表示期权数量的多少，绩效等级数值和期权值的大小要根据企业的发展情况来确定，企业在实际中，若有更多的等级，可以依次在图形中用实线表示出来。

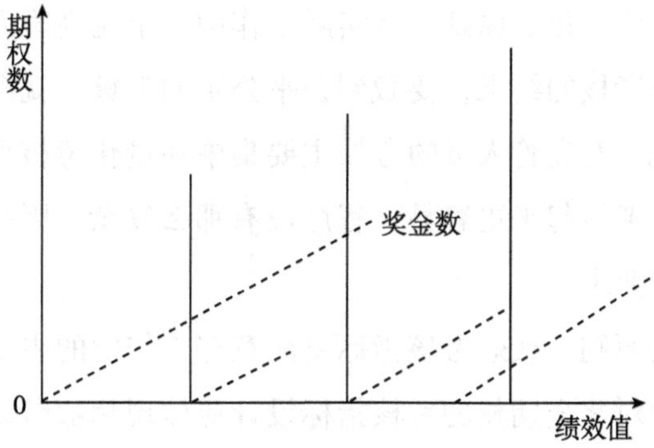

图4－1　基于绩效的奖金和期权方案①

垂直坐标表示高管人员获得的奖金数量，平行的三条虚线表示在不同绩效情况下高管人员所获得的奖金额，随着绩效的不断增大，虚线越来越长，表明高管人员的绩效越大，所获得的奖金额越大，企业在实际中，绩效值和奖金额根据具体情况可能会比图中有更多虚线。若要对高管人员绩效任务完成情况进行及时、准确的考核，就要使基于绩效的奖金和期权方案得以实施，由于企业规模、发展历史、所处行业、所在地区不同，其经营目标也会存在差异，需要提前建立一套适合企业使用的绩效管理体系。因此，不同企业应建立不同的考核评价体系，但无论何种企业，效率和绩效都是最重要的。涉及多项评价指标，既有定量指标，又有定性指标。一般而言，企业根据实际情况来选择不同的指标进行考核，目前主要评价指标有净资产报酬率、净资产保值增值指标、技术创新、人才培养、利税指标、剩余收益（附加价值）、销售利润率、市场占有率、提供的就业机会、承担的社会责任等。总体来说，企业选择指标依据一定的原则，具体包含以下三个方面：

第一，全面性的原则。在对高管人员进行考核评级时，应综合考量，因为其绩效形成是质和量的统一，不能只考核或衡量某个方面，对其中任

① 王吉鹏．高管激励［M］．北京：中国劳动社会保障出版社，2008：52.

何一方面的忽视都会造成高管人员工作积极性的降低，考核工作也都是不全面、不科学的。

第二，尽可能量化的原则。在实际工作中，企业高管人员奖酬发放的依据是对其绩效考核的结果，要做到公平公正的考核，就需要考核尽可能量化。相对来说，对高管人员的考核主要集中在量化考核评价，从量的方面比从质的方面考核起来更容易，程序没有那么复杂。因此，考核指标要尽可能达到量化要求。

第三，直接原则。绩效考核指标要注意与工作中的主要或关键环节相对应，尤其是针对奖金期权的考核指标设计应体现超额劳动的价值。对企业而言，制定高管人员奖金或期权数额，要依据其实际发展情况。对企业的经营状况、经济效益与社会效益以及同行业竞争对手的情况都要充分、全面考虑：首先，不能过于压低奖金或期权的数量，否则对高管人员的激励作用达不到应有的效果；其次，不能盲目地将考核指标制定过高，使高管人员超过企业的承受能力。要注意，为防止奖金和期权失效，企业应跟踪、了解奖金和期权分配结果的真实效果反馈，在企业内部要重点突出高效益、高科技、多贡献。

4.2.2 年薪与股权激励方式

年薪与股权激励是基于隐性价值的激励方式。来自美国芝加哥大学的罗纳德·哈里·科斯教授（Ronald Harry Coase）（1937）研究认为，在我国的国有企业中，部分经营者的积极性没有很好地发挥，是导致我国部分国有企业没有搞好的根本原因。而经营者收入低，其贡献与报酬脱节，是其积极性没有很好发挥的主要原因之一。国外对企业家报酬的研究已有70多年历史，不同领域的专家对企业家报酬的研究都有不同的理论分析与结论，如人力资源管理专家从人力资本特性、企业家职位标准和管理层级以及工作评价、岗位评估来说明企业家报酬的决定；劳动经济学家用市场的力量来解释企业家报酬的决定；组织行为学家从行为标准的角度进行研究，主张根据企业家发生的行为来确定企业家报酬。尽管上述国外研究专家已做大量、长期的研究，但问题依然没有得到较好的解决。

一般来说，企业高管人员的薪酬较少考虑高管人员的隐性价值要素，特别是能力要素。企业规模和高管人员业绩完成情况是确定企业高管人员年薪和股权的主要依据，在进行年薪和股权的设计时，主要参考显性业绩要素。高管人员业绩的形成是多因素的，若只通过年薪与股权等显性物质激励方式，对高管人员的价值特征无法充分、完整地反映，若仅以经营业绩为参考确定高管人员报酬，对其工作积极性有影响。也有学者建议，高管人员的年薪和股权的确定可以能力要素为依据参考市场水平来确定。本书认为，企业绩效目标的实现是多项因素共同作用的结果，如高管人员努力程度、能力和素质等，既有显性因素也有隐性因素。因此，企业高管人员的年薪和股权应依据其贡献价值来设计，其本身所拥有的能力与素质参与企业收益的分配，要注意避免短期行为。

4.2.3　控制权激励

对高管人员的控制权激励是基于其品德和素质的激励方式。在公司治理结构中，董事会和企业高管人员是一种雇佣与被雇佣的关系，企业重大决策由董事会负责，日常事务由企业高管人员负责，相关法规和公司章程中对两者的职能分工有明确规定。但由于我国企业还未完全脱离计划经济体制，处于经济转轨过程中，企业高管人员缺乏独立性，其中有部分原因是股东在董事会中占据垄断地位而高管人员完全听命于董事会。如果要保证管理层具备适度独立性，就要赋予高管人员控制权，更重要的是激励高管人员工作的积极性和主动性，但这又会由于所有者的治理空位而出现“内部人控制”状态，在公司日常经营管理的稳定性和连续性方面难以保证。因此，对于高管人员进行控制权激励要有选择性，应基于其品德与素质。

控制权激励机制实质上就是一种制度性安排，是通过授予或剥夺经营者的控制权以及通过调节对控制权的制约程度来激励和约束经营者行为的。信息不对称现象随着知识经济的到来越发普遍，作为拥有信息优势的一方，企业高管人员很可能会严重损害所有者的收益而获取自己短期效用最大化。要保证控制权激励的有效性，企业在赋予高管人员企业控制权时要慎之又慎，对高管人员品德与素质情况要摸清，其实这就是一个企业与高管人员的博弈过程，如图 4-2 所示。

图 4-2　基于品德与素质的控制权激励的博弈模型①

在图 4-2 中，左上方格表示该高管人员的品德与素质是高尚的，且企业赋予高管人员控制权激励，同时双方实现“双赢”，即高管人员因获得充分、有效的激励，从而进一步激发其工作热情和积极性，公司也因此将获得发展，双方达到最优状态。右上方格表示具有高尚品德素质的高管人员，并没有被企业赋予控制权，高管人员得不到控制权的激励，其工作的积极性和主动性会受到一定影响，但该在这种情况下，若没有其他形式激励作为弥补，该高管人员会因积极性受挫而跳槽，由此可见，公司虽然存在，但无法得到该高管人员的管理才能，公司发展会有很大阻力。右下方格表示高管人员品德素质低劣，公司没有赋予高管人员企业控制权，在这种情况下，该企业做出不赋予高管人员企业控制权的决定是正确的。虽然对该高管人员激励无效，但企业依然可以正常发展，当然，在激励无效的情况下，高管人员的离开，对企业来说未免不是件好事。左下方格中，若公司给予素质品德较低的高管人员控制权，公司就存在一定的风险与问题。高管人员可能会因追求短期效用最大化而使所有者的收益受损，“内部人控制”现象很有可能出现，公司发展也会岌岌可危。

① 姚艳红．基于隐性价值评估的企业高管人员激励问题研究［D］．长沙：湖南大学，2004：110.

综上所述，即使在相同的激励机制下，若高管人员品德素质不同，产生的激励效果也是完全不同的。这就要求我们在对高管人员的遴选中，企业要有意识地加强对高管人员基本道德规范的培养机制以及遴选机制，包括其信用、忠诚、责任及良心等其道德规范。高管人员品德素质的培养也不能松懈，可以从两个方面进行。第一，考虑建立企业与高管人员的心理契约。德国经济伦理学家家科斯洛夫斯基研究认为，心理合约是建立在双方相互信赖的基础上，其作用在于能够“使合约双方很快达成一致意见并很少要求监督”，使合约的不可靠性和不确定性减少，交易支出费用和激励成本降低。心理合约在道德的支撑下，在涵盖正式报酬合约的内容基础上，还有一定的补充作用，甚至有时超越正式报酬合约的作用。第二，建立道德惩罚机制。其一，就法律层面而言，对经营者的一切违法、违规收入都应该被禁止和取消；其二，随着市场逐渐完善，不合格的经营者应该被新的素质较好的经理人员所替代，经营者的行为必须受经理市场竞争的制约；其三，加强制度的监督。企业收入、费用等规章制度要健全，对一些难以观察的细节也不能马虎，应力求有所规定和要求。以上三种方式是对违背道德的经营者实行的一般的惩罚方式。

4.2.4　非物质激励

企业高管人员的非物质激励是基于其隐性需求的一种激励方式。对高管人员的非物质激励可以以为其制订职业生涯计划、事业成就激励、环境激励等方式进行。

第一，为高管人员制订成长计划与职业生涯计划。

职业发展的职业圆锥模型是由美国管理学家艾德加·沙因设计的，根据其模型得出以下结论：员工要想在职业上获得成功，组织可以为其提供三种途径，分别是垂直、水平、向心。第一种是在组织内通过职务的升迁获得发展，即发展途径是垂直的；第二种是在组织内部进行岗位轮换，即水平运动发展途径，职员不是由低岗位向高级岗位攀升，而是通过跨职位间的横向变化，来了解组织内部不同部门的运作方式；第三种是向核心集团靠拢，表现出向心运动的发展方向，员工逐渐向核心层靠拢的同时，并不一定拥有职位或头衔的改变，但该员工却能获得企业核心层较多的重要信息，从而成为企业核心层中的人物。

对于企业高管人员来说，其属于企业管理层的顶端，基本上不存在上下级调动的可能，因而，根据上述模型的推断，企业高管人员的发展路径较狭窄。可以在组织中选择的职业发展路径就是水平运动式的发展路径，即让高管人员在企业内部不同部门之间轮换，尽可能地满足企业高管人员在组织中的发展需求，通过这种轮换方式可以使高管人员尽快熟悉企业的组织结构、业务流程等，还有助于高管在不同部门建立良好的人际关系，树立其在企业内部的威信。然而，对于高管人员来说，只有企业内部的轮换是远远不够的，为了迎合知识正在加速更新的时代，要改善高管人员的知识结构不平衡和知识老化现象，需要不断充实他们的知识、培养他们的能力。因此，在其内部积累的实践知识基础上，仍需要加强外部职业发展措施，如高校回炉再学习、出国培训等，及时充电，进一步提升自己的业务水平，获得更多发展机会，使自我实现的需要得到满足。

第二，对高管人员进行事业成就方面的激励。

根据心理学的研究，大部分人都有对胜任和成功的渴求，即成就需要。高管人员期望未来能够获得事业上的成功，进行自我成就。高管人员期望在未来获得的收益大于其早期对自身人力资本的高投入，因而，其追求事业成功的欲望更加强烈，实践中为了追求目标的实现而使自己敢于挑战、勇于创新、敢冒风险，目标的实现会使自己有较高的成就感。因此，成就对企业高管来说是很大的激励。为了促进高管人员更好地发挥个人成就，企业采用的激励形式包括：一是对高管人员采取目标激励的方式。具体如下：目标设定清楚，该目标对高管人员有一定的吸引力，从而使其产生动机并采取适当的行为，充分调动其积极性。在目标激励实施过程中要注意：首先，目标的提出和设定要经过企业和高管人员的沟通，在双方确认后签订合同，高管人员在清楚认识任务的基础上，为其所激励。其次，为实现企业与高管人员个人收益的“双赢”，应注意把组织目标和高管人员个人目标结合起来。在制定目标时要特别注意目标的设定要合理，要具有挑战性和可实现性，否则无法起到激励的作用。在目标的实施过程中，高管人员所作出的贡献或个人成就就有了衡量的标准和依据，可以及时对其进行客观考评。二是荣誉和地位激励。马歇尔（1890）曾经说过：“给予一个人提高地位的希望，并给予他的家人获得比他创业时更高的社会地位的希望，最能刺激一个人的精力和进取心。这种希望与热情是普通的愉快取代不了的，也使他不再想去追求安逸。”企业高管人员对成就的渴望，具有想要获得他人对自己认可的需求下而产生的动机，换句话说，想要得到别人的认可和赞许是他们最终的需求，这种来自他人的认可和赞许就是荣誉和地位需要的表现。众人或组织对个体或群体的崇高评价表现为荣誉和地位，在满足人们自尊需要、激发人们奋力进取方面尤为突出。在我国企业中，适用于高管人员有效的激励方式之一就是：授予与其匹配的荣誉和地位。

第三，对高管人员进行激励可以考虑通过环境激励的方式。

在探寻高管人员隐性需求的激励方式时，环境激励的方式必不可少。高管人员对环境条件有一定的需求，对于企业高管人员环境的激励既包括宏观环境的激励又包括企业内部微观环境的激励。要注意通过该激励方式对其进行有效激励。从当前市场环境来说，应当积极改善高管人员的环境条件来满足高管人员的环境需求。

综观美国和日本社会，其经济之所以成功，很大一部分原因是企业家具有较高的社会地位和声望，自身在获得成就的同时对企业、社会的贡献增加。在我国，也应在全社会营造一种尊重企业高管人才的社会文化氛围，将其精神期望效用最大化发挥出来。从对企业、社会的价值贡献角度来看，他们得到社会的认可与尊重是理所应当的，他们在自身成就需求得到极大满足的同时，事业上的进取心也在不断被激励。我国应该借鉴美国、日本的经验，从市场氛围、政府行为等多方面营造高管人员适宜的生态环境，宣扬企业高管人员的业绩，全面提高经营者的社会地位。

众所周知，在心境良好的状态下工作，思维敏捷、思路开阔、问题解决迅速。可以从营造良好的工作办公环境着手，保障企业高管人员的工作效率。具体如下：①为表示企业给予他们最大的尊重，可以让高管人员在工作条件、工资报酬等诸多方面参与决策，这种方式更能大大提高高管人员的士气。②为高管人员提供畅通的沟通渠道和学习性的工作团队，保证其管理工作的顺利开展。③增加高管人员工作时间的弹性，以促进高管人员随时随地为企业带来创新思想，所以应该根据高管个人的工作进度来调整工作时间，在时间安排上应有一定的灵活性，工作形式可以采取弹性工作制、工作分担等形式。④考虑到高管人员的发展与成长可以与企业同步甚至同方向，高管人员可以在企业的培训及职业指导下快速成长，不断提高能力。

4.3 公司高级管理人员激励组合模型设计

在文献研究基础上，本书引入隐形价值要素，将其纳入公司高管人员激励体系之中，针对公司高管人员构建激励组合模型，包含的模型变量有：物质激励（R）、非物质激励（M）、高管人员的隐性价值（v）、公司高管人员的总效用（H）、所有者付出的激励总成本（C）。

非物质激励在模型中表示为：$M = \sum_{i=1}^{n} m_i$，其中，m_i 为第 i 次激励的激励强度，本书将采用 5 分制来记录激励强度，即分数越高代表激励强度越高。所有者提供的非物质激励也存在激励成本，为了体现非物质激励的单位成本 p，令 $p = \frac{C_0}{M}$，其中 C_0 为提供非物质激励量 M 的总成本。p 在决定最优激励组合模型中将起到重要的作用。事实上，非物质激励量 M 对所有者和高管人员的影响存在很大差异。对被激励对象高管人员而言，它体现为一种人力资本投资，是确定人力资本价值的重要因素之一。对激励主体而言，它体现为一种成本，即非物质激励的成本。

在激励组合模型中，使公司收益实现最大化是激励主体所有者的目标，作为被激励对象，人力资本价格达到最大化是高管人员的目标。要想让高管人员为所有者创造最大利润，就要最大限度地满足其效用，使其努力程度最大化，激励组合形式达到最优。由于高管人员个体存在隐性阶值 v 的差异，v 将影响物质激励 R 和非物质激励 M，不妨设：

$$R = R(v)\ ,\ M = M(v)\ ,\ 达到\ R'(v) > 0, M'(v) > 0 \qquad (4.1)$$

在最优激励的组合问题方面，将分别从公司高管人员和所有者的目标着手解决。

（1）物质激励 R 和非物质激励 M 组成公司高管人员的总效用 H，则公司高管人员的目标函数可表示为：

$$\max H = H(R,M) \qquad (4.2)$$

其中：$\frac{\partial H}{\partial R} > 0$，$\frac{\partial H}{\partial M} > 0$，$\frac{\partial^2 H}{\partial R^2} < 0$，$\frac{\partial^2 H}{\partial M^2} < 0$

由于 R 对 M 的边界替代率是递减的，进一步假设 $\frac{\partial^2 H}{\partial R \partial M} > 0$，那么 H 的等效用曲线（公司高管人员的无差异曲线）是凸向原点的，如图4－3（a）所示。

（2）由于所有者所付出的成本 C 为物质激励和非物质激励两者成本之和，即 $C = R + pM$，则在对公司高管人员等效用的条件下，选择付出最小成本，又因为 $R = R(v)$，$M = M(v)$，目标函数表示为：

$$\min C = R + pM \qquad (4.3)$$

其中：$\frac{\partial C}{\partial v} > 0$，$\frac{\partial^2 C}{\partial v^2} < 0$。

模型（4.3）可以理解为，成本函数是所有者基于公司高管人员的隐性价值，如能力、素质等确定，目的在于使公司高管人员努力程度加强，且成本和隐性价值呈正相关关系，边际效用递减，如图4－3（b）所示。

在图4－3中，公司高管人员的隐性价值（能力与素质）为 v 时，对于所有者来说，根据其自身的价值理念所确定的成本函数，得到愿意付出的成本为 c，同时要根据 c' 来决策在公司高管人员的激励效用曲线上确定物质激励和非物质激励的激励组合 (r,m)，使高管人员的最大效用得到有效激发。

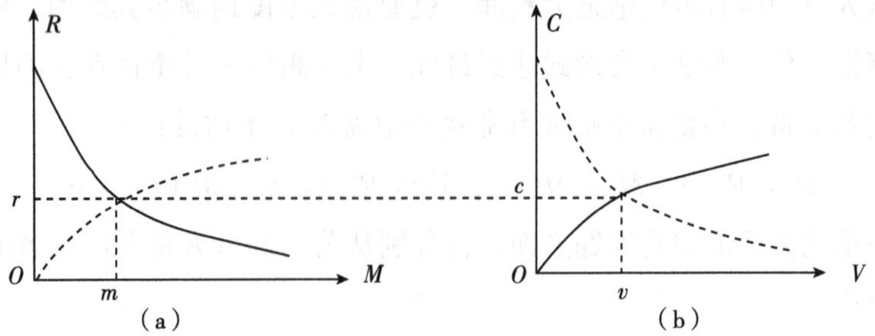

图 4-3　公司高管人员激励效用曲线

(3) 委托—代理理论指出，公司高管人员的努力程度和能力决定了公司的期望收益，而公司高管人员的努力程度在于他的需求被满足得多少，在本书中也就是取决于 H 的大小。而 H 又是关于 R 和 M 的函数，所有者对公司高管人员的激励组合将决定公司的收益。

当公司高管人员达到最大效用时，公司将得到最大的收益 π ，所以所有者的收益函数为：

$$\pi = \pi(R,M) = G(v) \tag{4.4}$$

其中：$G'(v) > 0$, $G''(v) < 0$ 。

所有者的净收益 π_p 可以表示为：

$$\pi_p = G(v) - C(v) \tag{4.5}$$

由模型（4.5）不难得出，所有者获得最大净收益的条件是满足一阶条件 $\pi'_p = 0$ ，即 $G'(v) = C'(v)$ ，若公司自身存在其他约束条件，则转化为由约束条件的最优化问题求其最优解。

4.4　高管人员激励组合的模型分析

根据上述模型，我们从三个角度对模型进行分析如下：

(1) 由于公司高管人员的效用无差异曲线的斜率为：

$$k = \frac{\mathrm{d}R}{\mathrm{d}M} = \frac{\partial H/\partial M}{\partial H/\partial R} \tag{4.6}$$

公司高管人员对非物质激励需求越大，效用曲线 H 越陡，从而 M 对 R 的边界替代率就越大。图 4-4（a）给出三条效用的无差异曲线，其中

$H' < H < H''$。我们假定公司高管人员的真实效用为 H，当所有者确定了成本函数后，若他低估了高管人员的能力，则付出的成本将与 H' 匹配，公司高管人员所得到的物质激励和非物质激励都减小，此时，激励所产生的效用对高管人员无效，不能有效激发其努力的动机；相反，若所有者对高管人员的能力评价过高，他将付出高昂的成本，希望高管人员达到效用 H''，而由于公司高管人员的隐性价值（能力与素质）的约束，在付出最大努力的同时效用却没有同时增长，无法达到 H''，所有者是在超额付出。因此，物质激励和非物质激励的最优组合要充分考虑公司高管人员的需求，R 与显性需求正相关，M 与隐性需求正相关。

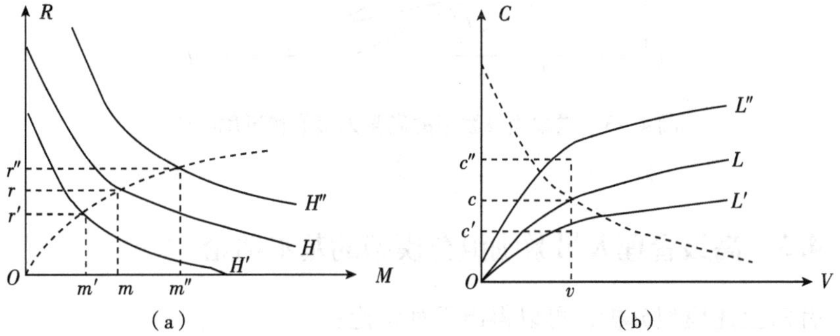

图 4－4　基于高管人员隐性价值的激励组合

（2）我们假定等效用曲线不变，就公司高管人员而言，通常情况下，所确定的成本函数曲线为 L，所得到激励最优组合 $[r(v), m(v)]$。若提高了成本函数的外生变量，则成本曲线上升为 L''，v 所对应的成本组合 c'' 在等效用曲线的右上方，即所付出的物质激励和非物质激励组合的总效用大于公司高管人员的最大效用，公司的激励成本增加；反之，若成本函数的外生变量降低，则成本曲线下降为 L'，所有者支付的成本 c' 在等效用曲线的左下方，无法满足公司高管人员的需求，如图 4－4（b）所示。

（3）分析所有者不考虑公司高管人员的隐性价值（能力与素质），而直接去指定激励预算线的情况，如图 4－5 所示。若激励预算线制定为 C'，则与公司高管人员的等效用曲线无交点，在此预算的前提下，无法激发公司高管人员的最大努力程度；若激励预算线制定为 C''，则与公司高管人员的等效用曲线有两个交点，且在两点之间都可以达到公司高管人员的效用最大化，但考虑到公司的净收益，采用 C'' 预算线，所有者支付了过多的成本，将减少公司的净收益。只有在预算线 C 的情况下，与效用曲线恰好有一个切点，在切点位置的激励组合（r,m），则为最优激励组合。

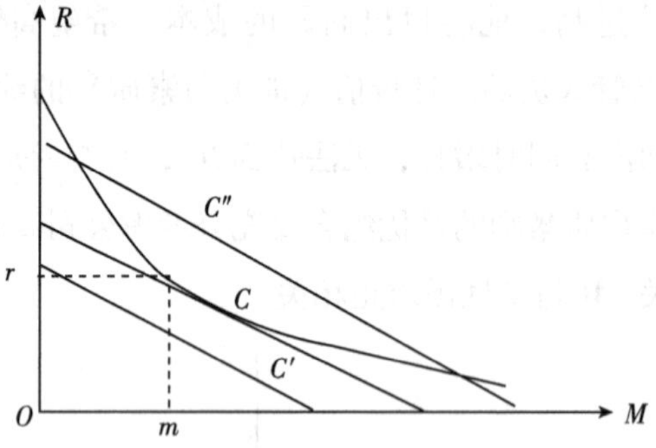

图 4－5　成本预算线下的高管人员最优激励组合

4.5　高级管理人员激励组合模型的基本结论

针对上述模型分析，可以得出下列结论：

第一，高管人员有效激励取决于物质报酬的同时，还取决于非物质激励的程度，是由于 R 对 M 的边界替代率是递减的。

第二，所有者对公司高管人员的激励组合决定公司收益水平，即公司高管人员的努力程度和能力决定公司收益，而公司高管人员的效用满足程度又决定其努力程度，即 H 的大小，H 是关于 R 和 M 的函数。

第三，非物质的需求对高管人员吸引力越大，即隐性需求越大，则 M 对 R 的边界替代率就越大，此时非物质激励效用越大。

第四，当所有者确定成本函数后，如果对高管人员的能力估计不足，会造成对高管人员激励不到位，使其不努力工作，因为所有者支付的激励成本和高管人员隐性价值（能力与素质）M 呈正相关关系；相反，如果对高管人员的能力估计过高，所有者付出的成本过大，而由于公司高管人员的隐性价值（能力与素质）的约束，在付出最大努力的同时，不能获得同等效用的回报，导致所有者将超额付出。

第五，当所有者支付的激励成本与高管人员能力匹配，并考虑高管人员的隐性需求时，既能帮助企业达到对高管人员的激励最优化，还能同时满足所有者和高管人员的效用。

在上述构建的基于高级管理人员需求层次的物质和非物质激励组合模型中，对高管人员的激励要达到最优组合，若单从物质层面看，对高管人员激励有一定局限性，因此，非物质激励是不可或缺的，以实现更低的价格成本达到更好的激励效果。

4.6 小 结

针对上市公司高级管理人员的激励组合问题，国内外文献中研究的重点方面或方向多是关于公司高管人员物质性的、显性的激励，对非物质性的、隐性的激励研究较少，而关于公司高管人员的物质与非物质激励组合研究的文献更是少见。在本章节的理论模型分析中，我们认为，对高管人员的激励不应只在物质激励方面，还需要其他非物质激励的补充，从企业、所有者的角度来说，这样可以增加激励效应，降低激励成本。本章节从物质与非物质激励组合模式角度，在理论层面对公司高管人员做一些探讨并加以说明。首先，对企业高管人员激励组合模式进行阐述，企业高管人员激励的安排受到能力、素质等隐性需求的直接影响，因此在设计高管人员激励机制时对于隐性需求要素必须充分考虑。例如，基于隐性价值的年薪与股权激励、基于绩效的奖金与期权激激励、基于品德与素质的控制权激励，以及基于隐性需求的非物质激励等。其次，在公司高级管理层激励组合模型设计的基础上，从三个角度对模型进行分析：物质激励和非物质激励的最优组合与公司高管人员的需求相关；若提高了成本函数的外生变量，则会增加公司的激励成本，即企业所付出的物质激励和非物质激励组合的总效用大于公司高管人员的最大效用；分析所有者直接指定激励预算线，而不考虑公司高管人员的隐性价值（能力与素质）的情况，在激励预算线与公司高管人员的等效用曲线交点的预算前提下，公司高管人员努力程度可被最大化地激发出来。最后，在上述构建的基于需求层次的物质和非物质的激励组合模型中，对高管人员的激励要达到最优组合，若单从物质层面对高管人员激励则有一定局限性，因而非物质激励是不可或缺的，可以实现以更低的价格成本达到更好的激励效果。

第5章 陕西上市公司高管物质激励实证研究

我国企业高级管理人员的激励问题一直是各方关注的焦点。高管激励对企业的绩效是否产生影响，是值得关注的问题。本书对陕西上市公司的高管物质激励与公司经营绩效关系的研究将运用上市公司的经验证据来考察。本章利用陕西上市公司2017年年度报告提供的企业绩效以及管理人员经济性报酬等相关信息，借鉴现代模型进行诊断分析，对陕西上市公司高管激励问题进行建模实证分析，提取共同特征。

5.1 研究背景

当经理与股东之间存在完全的报酬—绩效契约，且公司经理与股东之间不存在信息的不对称时，激励性契约的存在就不是必需了。但是，现实的市场有着不完美性，由于公司的经理存在逆向选择以及道德风险的问题，代理成本是必须要考虑的。股东的目的是追求财富的最大化，为了最大限度地降低代理成本、增加财富，需要和经理达成及签订报酬—绩效契约，从而激励经理选择并实施。

李增泉（2000）、魏刚（2000）、杨瑞龙和刘江（2002）等利用我国上市公司的年报数据，研究了各上市公司高级管理层之间的不同激励状况、高级管理层激励与企业业绩之间的相关性，高级管理层报酬与国有股权比例、企业规模之间的相关关系。结果显示，在我国，上市公司高级管理层激励效果并不显著，经理报酬和企业业绩正相关性不显著，经理报酬与高级管理人员持股比例不存在负相关性，经理报酬与企业规模存在显著的正相关性，国有股比例对高管薪酬存在一定的负面影响等。陈志广（2002）

的计量分析结果显示，我国沪市的上市公司中（2000 年），企业绩效与高管薪金报酬存在显著的正相关性。其他学者的研究方法及其结论与上述相类似。① 这些结果也可以回答以下问题：陕西上市公司高级管理层的激励情况如何？对高管采用了什么样的激励形式？高级管理层的报酬具体数据及其特点是什么？是否按照代理理论预测的那样，与公司的经营绩效存在显著正相关性？高级管理人员的持股占比是多少？是否能达到相应的激励效果呢？

综上所述，用绩效作为高管薪酬的测度指标时，都选用单一的财务指标，本书基于 2017 年年度样本数据，采用综合财务指标对企业绩效做统计分析，可以更加客观地了解陕西上市公司绩效与高级管理层激励的相关关系特点。

5.2 实证研究设计

5.2.1 本章实证研究的思路

对陕西上市公司高级管理薪酬与绩效之间的物质激励效应的研究分为以下几个步骤：

第一步，在大量阅读文献的基础上，选取恰当的财务指标进行企业综合绩效评价。

第二步，基于因子分析法对上市公司的绩效进行综合评价。

第三步，根据得出的上市公司综合绩效与高管的年度薪酬进行相关性分析。

5.2.2 样本与数据来源

本章以陕西省在沪深两市的上市公司为研究对象，陕西省在沪深两市上市公司共 50 家，但因本书的研究是关于高管激励、企业科技创新投入与企业绩效的关系，因此将选取 29 家 2017 年以前陕西省在沪深两市的制造业上市公司作为样本公司，纳入标准。①剔除了样本企业中 R&D 投资数

① 陈志广．高级管理人员报酬的实证研究[J]．当代经济科学，2002(5)：23－25.

据为 0 的公司；②剔除了金融类上市公司；③剔除了数据异常、数据缺失以及数据无法计算的公司；④剔除了被列入 ST 股票和 PT 股票的公司，在经过筛选后，共选取样本数量 26 个，数据均来自中国证监会指定信息披露网站——巨潮资讯网（见表 5－1）。

表 5－1　陕西上市公司研究样本统计①

样本	股票代码	股票名称	所属行业
1	600379	宝光股份	制造业
2	600456	宝钛股份	制造业
3	600707	彩虹股份	制造业
4	600893	航发动力	制造业
5	000768	中航飞机	制造业
6	600984	建设机械	制造业
7	002109	兴化股份	制造业
8	002149	西部材料	制造业
9	002799	环球印务	制造业
10	000561	烽火电子	制造业
11	300103	达刚路机	制造业
12	000697	炼石航空	制造业
13	000768	中航飞机	制造业
14	000837	秦川机床	制造业
15	601179	中国西电	制造业
16	601369	陕鼓动力	制造业
17	300114	中航电测	制造业
18	300116	坚瑞沃能	制造业
19	300140	中环装备	制造业
20	601012	隆基股份	制造业
21	601015	陕西黑猫	制造业
22	300487	蓝晓科技	制造业
23	300581	晨曦航空	制造业

① 数据来源：巨潮资讯网 http://www.cninfo.com.cn。

续表

样本	股票代码	股票名称	所属行业
24	600302	标准股份	制造业
25	600343	航天动力	制造业
26	300397	天和防务	制造业

5.2.3 描述性统计分析

通过对陕西上市公司高管年度薪酬的统计数据的描述性统计分析（见表5-2），可以发现以下问题：

表5-2 陕西上市公司年度薪酬描述性统计（Descriptive Statistics）

	数量	最小值	最大值	平均值	标准差
年度薪酬	26	12.3300	159.1300	56.7500	31.6066
有效数	26				

（1）陕西上市公司高管薪酬间差距很大。陕西上市公司高管薪酬平均值约为56.75万元，最低年薪12万元，最高年薪159万元，薪酬最低与最高的高管平均收入相差约13.3倍。如果把ST类等排除的上市公司也计算在内，高管薪酬最低与最高的平均收入差距将会进一步升高。

（2）这些上市公司的高级管理层薪酬计算方法合理性不足，持股比例低于预期，股权收益不能发挥太大的激励作用。在研究的26家上市公司中，有10家企业的高级管理层持股数为零，占上市总数的38.5%；总体来说，上市公司中的高管持股量占公司股份总数的比重小。人均持股量少，比例低，“零持股”现象严重（见表5-3）。

表5-3 陕西上市公司高管持股量①

企业	人数	持股人数	比例/%	总持股量	股份总数	比例/%
航发动力	31	7	22.58	47900	2249844450	0.0021
中航飞机	31	9	29.03	27100	2768645071	0.0010
建设机械	19	6	31.58	96819833	636764203	15.20

① 资料来源：根据2017年陕西省上市公司年报数据整理（巨潮资讯网）。

续表

企业	人数	持股人数	比例/%	总持股量	股份总数	比例/%
西部材料	23	5	21.74	50000	425414274	0.0117
烽火电子	22	8	36.36	735750	604043931	0.1218
达刚路机	25	10	40.00	58760976	211734000	27.75
炼石航空	12	2	16.67	142109102	559680049	25.23
中航飞机	29	9	31.03	27100	2768645071	0.0010
秦川机床	20	12	60.00	340515	693370910	0.0491
陕鼓动力	21	10	47.62	17515859	1638770233	1.0688
中航电测	19	1	5.26	12823	590760499	0.0022
坚瑞沃能	12	3	25.00	629444428	2432524567	25.88
中环装备	30	6	20.00	2616624	345154706	0.7581
隆基股份	14	8	57.14	556383236	1993989679	27.90
陕西黑猫	18	4	22.22	58000000	1253684210	4.626
蓝晓科技	14	4	28.57	324689	202393750	0.1604
标准股份	23	9	39.13	75100	346009804	0.2170
航天动力	25	1	4.00	1708	638206348	0.0002
天和防务	17	8	47.06	9979040	240000000	4.1576

（3）在中国，上市公司的通病是持股比例低，长期激励机制缺失。陕西省属于内陆省份，这方面更显落后，报酬结构不合理且形式单一。工资加奖金已成为绝大多数公司高级管理人员的报酬执行方式，其中实行年薪制的比例较少。另外，在发达国家极其普遍的以股权激励为主体的报酬形式，在我国尚处于探讨和试验阶段。即使是在少数与国际接轨的便于推行股权激励的上市公司中，股权激励方式依旧处于“真空”状态。以美国为例，大多数上市公司高级管理的报酬结构较为合理，以 1999 年王战强、邵文海报道的具体数据为例，具体数据为：基本工资占 42%，奖金占 19%，股票期权占 28%。

5.3 陕西上市公司绩效综合评价及与薪酬关系的实证研究

5.3.1 指标的选取

（1）评价指标选取的原则

①客观性与公正性。客观性是指评价体系中选取要能够客观、真实地反映上市公司发展的内在规律的指标；公正性是指对构建公开透明的上市公司绩效综合评价体系，包括数据的来源、处理的程序、评价的方法、评价结果等都要公开。

②科学性与合理性。科学性是指要设计符合上市公司自身发展规律的指评价体系，理论支撑是指标的确定以及数据选取的前提。合理性是指指标体系能够全面反映上市公司发展状况及高管物质激励的状况。科学合理地测算指标标准值和指标权重，必须保证指标体系的设置有清晰结构性。

③系统层次性。“一带一路”背景下的上市公司综合绩效评价体系及高管薪酬关系研究体系应是相互影响并相互关联的，有机地构成一个整体。整个体系由多个部分构成，内部逻辑严密、结构严谨，既包含多样性也不具备层次性，各个部分之间相互独立并相互依存。

④实际操作性。要求一切数据、结论从实际出发，包括两个方面：一是数据从公开的金融界网站、巨潮资讯网披露的公司年报中获得；二是计算方法科学、简便，数据直接获取，尽量减少定性指标，统计方法使用合理，保证定量指标的可信度。

⑤可测性和可比性。由于某些指标需要通过简单的计算获得，这就要求选取的指标数据具备易获性和可靠性，越简单明确的计算方法，其结果的准确性就越高。可比性是指为了保证评价指标体系都能在不同上市公司绩效综合评价体系中使用，在“一带一路”倡议下，设计上市公司绩效综合评价体系时要和各个指标的统计口径保持一致，能够客观、全面地评价不同公司的绩效综合评价及发展水平，从而使数据具有可比性。

⑥简明性和引导性。简明性就是要求评价指标精简、明确，在充分考

虑指标的量化、数据获取的难易程度、后期统计分析的结果和结论可靠性的前提下，尽量筛选具有较强代表性的指标。引导性是指上市公司绩效评价体系在具备评价功能的同时要有一定的引导功能，引导上市企业在提升其绩效发展水平时，能够全面考虑高管激励对绩效影响的作用，制定更完整、全面的政策，更好地促进上市公司的发展。

(2) 国内外上市公司绩效评价指标体系现状

目前，国内比较流行的上市公司评价体系有多种。主要有财政部针对工商类竞争性企业颁布的绩效评价指标体系、《中国证券报》与中国诚信资信评估公司联合推出的上市公司财务绩效排序体系、复旦大学金融期货研究与证券之星共同开发的上市公司财务评测系统"证券之星——若山风向标"；国外的评价指标体系包括沃尔评价指标体系、EVA 评价法。

① 财政部颁布的绩效评价指标体系。该系统包括"四方面、三层次"，即企业资产运营状况、财务效益状况、偿债能力状况和发展能力状况四个方面，基本指标、修正指标和评议指标三个层次。由于这套评价体系主要从上市公司所有者及债权人、国家及政府的角度进行评价，往往忽视了股东和潜在投资者的信息需求。

②《中国证券报》与中国诚信资信评估公司联合推出绩效排序体系。该体系自 1996 年以来，每年通过对上市公司的营运状况、发展情况和盈利水平三个方面进行分析。对上市公司经营业绩评价的指标及权重如下：净资产收益率 55%、利润总额增长率 13%、资产总额增长率 9%、全部资本化比率 9%、负债比率 7%、流动比率 7%。这套评价体系操作简单且易于计算，但是由于过于简单，对上市公司的评价不够全面。

③证券之星——若山风向标上市公司测评系统。该系统是由复旦大学金融期货研究所和证券之星网站共同开发的。该系统将财务指标分为五大类，即成长能力、现金流量指标、偿债能力、资产负债管理能力与盈利能力，采集上市公司年报中上千个数据、审计意见、或有事项、期后事项等因素，汇聚成 20 个用于分析的财务指标，以此为结论衡量上市公司经营业绩。该系统反映的是公司获利能力的强弱，预兆公司财务的健康与危机。

缺点是由于财务指标分为金融企业和非金融企业两类，而每类中包含不同方面的二十多个财务指标，不利于两类企业之间的比较。

④沃尔评价指标体系。该体系是由亚历山大·沃尔于20世纪提出的。该体系选择了七个财务比率，分别给出每项指标在总评价中所占的比重，并确定标准比率，然后与实际比率进行比较。评出每项指标的得分，加权后再求出总评分。这套指标体系简单易操作，但是对七个财务比率的选择以及权重的确定缺乏科学合理的解释。

⑤ EVA（Economic Value—added）评价法。该评价法是美国斯特恩·斯图尔特公司于 1991 年提出的。具体是经过调整的公司营业净利润（NOPAT）减去该公司现有资产经济价值的机会成本后所得的余额。经济增加值评价法的优点在于把"创造价值"这一口号转化为一个实际的财务指标，结束了管理者必须面对的多种效益指标和决策目标相互交错的混乱状态，重要的是将资本预算、绩效评价和薪酬计划有机结合，促使经营者制定的决策与公司所有人制定的公司发展目标一致化。其缺点在于单维评价指标，公司经营者或者高管为了追求某个单一指标的急速增加而有意或无意地忽略甚至牺牲公司其他优势，从长远角度来看，失去了公司可持续发展的战略基础。

（3）指标的选取

本书在大量文献的基础上，为了能评价研究公司的综合情况，指标的制定兼顾公司的营运能力、偿债能力、盈利能力及成长能力四个方面，对其进行合理选取。本书根据金融界网站（http：//www.jrj.com.cn）公开的基本财务指标，选取八个具有代表性的指标（如表5－4 所示）：

① *X*1（营业利润增长率）：是企业本年营业利润增长额与上年营业利润总额的比率，是企业净利润的主要来源，反映企业经营活动盈利水平的增长速率。

② *X*2（净利润增长率）：是企业本年净利润增长额与上年净利润的比率。

③ *X*3（每股收益增长率）：综合反映公司获利能力的指标。

④ $X4$（流动比率）：表示资金流动性，反映企业短期债务偿还能力。

⑤ $X5$（速动比率）：反映企业短期偿债能力的指标。

⑥ $X6$（存货周转率）：衡量和评价企业购入存货、投入生产、销售回收等各环节管理状况的综合性指标。

⑦ $X7$（总资产周转率）：衡量企业全部资金的使用情况，以及企业运用全部资产创造销售额的能力。

⑧ $X8$（净资产收益率）：衡量了所有者（包括普通股股东和优先股股东）投入资本的收益情况，反映了投资与报酬的关系。

根据本书第 2 章中的定义，陕西上市公司对高管的物质激励为高管的经济性报酬。高管激励物质水平指标为：XCH（高级管理者年度薪酬水平），即薪酬排名前三的高级管理人员报酬总额的平均值。在众多公司业绩与高管薪酬关系的研究文献中，早期研究主要是以高管的货币现金报酬作为薪酬变量，随着股权形式在西方发达国家迅速盛行，企业管理者也越来越意识到现金报酬只是公司回报经理人员所签订契约的一个方面，并且委托—代理理论模型是将薪酬总量与业绩联系起来的。因此，一些学者提出要将股票期权、限制性股票等报酬形式加入全部报酬中，作为薪酬变量。在我国，由于高层管理人员持股制度还在完善中，现金报酬仍占高管总体薪酬中绝对重要的地位；另外，根据本书之前提出的对高管和薪酬的定义，本书选取年报披露排名前三的高级管理人员的报酬总额的平均值作为研究变量。高管薪酬数据的采集，对于披露区间数据的，处理为区间的中间值；对于只披露下限的，取该下限值；对于只披露上限的，取该上限值；对于披露前三名年薪总额的，取算术平均数。

表 5－4　指标的选取

变量类型	指标名称	符号	指标解释
因变量	高级管理者年度薪酬水平	XCH	金额最高的前三名高级管理人员的报酬总额的平均值
自变量	营业利润增长率	$X1$	本年营业利润增长额与上年营业利润总额的比率
	净利润增长率	$X2$	本年净利润增长额与上年净利润的比率

续表

变量类型	指标名称	符号	指标解释
自变量	每股收益增长率	X3	综合反映公司获利能力
	流动比率	X4	反映企业短期债务偿还能力
	速动比率	X5	企业短期偿债能力的指标
	存货周转率	X6	衡量和评价企业购入存货、投入生产、销售回收等各环节管理状况的综合性指标
	总资产周转率	X7	衡量企业全部资金的运用情况，以及企业运用全部资产创造销售额的能力
	净资产收益率	X8	反映投资与报酬的关系

5.3.2 因子分析过程

（1）因子分析概念

因子分析是将具有错综复杂关系的变量（或样品）综合为数量较少的几个因子，以再现原始变量与因子之间的相互关系，同时根据不同因子还可以对变量进行分类。

因子分析的基本思想是通过变量（或样品）的相关系数矩阵内部结构的研究，找出能控制所有变量的少数几个随机变量去描述多个变量之间的相关关系，但在这里，这少数几个随机变量是不可观测的，通常称为因子。然后根据相关性的大小把变量分组，使同组内的变量之间的相关性较高，但不同组的变量相关性较低。

本章选择因子分析方法，此方法是将具有错综复杂关系的变量（指标）综合为数量较少的几个因子，以再现原始变量（指标）与因子之间的相互关系，同时根据不同因子还可以对变量进行分类，达到降维的目的。同时，本书在指标的权重分配上并没有选用专家打分的方法，而是利用各因子对诸变量所提供的方差贡献之和作为综合评价函数中的因子权重，避免专家评价得出指标权重的主观性影响。

（2）因子分析基本模型

因子分析的实质是将观测指标数值用少数公因子的线性组合表示。因子分析的基本模型为：

$$X_i = a_{i1}F_1 + a_{i2}F_2 + \cdots + a_{ik}F_k + \varepsilon_i$$

其中，X_i为第 i 个指标（$i=1$，2，…，m）；F_j为第 j 个公因子（$j=1$，2，…，k）；a_{ij}是第 i 个指标在第 j 个公因子上的负载，称为因子载荷，ε_i为仅影响指标 X_i的特殊因子；k 为公因子个数；m 为指标个数。

（3）因子分析的具体操作步骤

①求标准化指标数值的相关系数矩阵 R_{mxm}。

②求矩阵 R 的特征值 λ_j，λ_j为第 j 个公因子 F_j解释的原始指标数值的总方差，则公因子 F_j对原始指标数值的方差贡献率为：

$$w_j = \lambda_j / \sum_{j=I}^{m} \lambda_j$$

③将特征值 λ_j按从大到小顺序排列，按累积方差贡献率大于等于 85% 的要求，选出前 k 个特征值对应的公因子构建因子分析模型，λ_j与 a_{ij}的关系为：

$$\lambda_j = \sum_{i=I}^{m} a_{ij}^2$$

④因子分析对评价指标的筛选。因子载荷绝对值 a_{ij}反映 X_i与公因子的相关性，绝对值 a_{ij}越大，表明该指标对评价结果影响越显著，越应给予保留；绝对值 a_{ij}越小，表明该指标对评价结果影响越弱，越应给予剔除，因子分析过程保证了用少量代表性强的指标最大限度地反映评价指标体系的原始信息。

该方法的基本思想是通过变量（指标）的相关系数矩阵内部结构的研究，找出能控制所有变量的少数几个随机变量去描述多个变量之间的相关关系，根据相关性大小把指标分组，使得同组内指标之间相关性较高，不同组的指标相关性较低。每组指标构成一个公共因子，代表一个基本结构。

（4）因子分析法的计算过程

第一步，对原始变量进行标准化处理，以消除变量之间在数量级或量纲上的不同，并计算变量相关系数矩阵。

第二步，计算相关系数矩阵的特征根、单位特征向量、特征根贡献率及累计贡献率，然后根据累计贡献率确定公因子的个数，一般而言，公因子的累计贡献率大于等于85%时的个数即可，此时基本保留了原有指标的大部分信息，并为公因子赋予新的名称。

第三步，对提取的特征根对应特征向量构成的因子载荷矩阵施行方差最大正交旋转，以便突出各主因子的典型代表变量，明确各因子的经济意义，更便于对实际问题进行分析。

第四步，设计权重。本方法用单个因子的方差贡献率占总方差贡献率的比重作为该因子的权重，具有合理性，避免主观性。

第五步，构建综合评价函数。由回归法估计出各公因子得分，加权计算各样本的综合得分，并以该得分的大小进行排序，综合评价函数模型为：

$$F = a_1 \times F_1 + a_2 \times F_2 + \cdots + a_m \times F_m$$

其中，F 为城市发展总部经济环境综合得分；F_i为第 i 个因子的因子得分；a_i为第 i 个因子的权重；m 为公因子的个数。

首先，运用 SPSS 22.0 统计软件进行检验，结果如表 5-5 所示。

表 5-5　KMO 和巴特利特球形检验

KMO 抽样测度		0.603
球形检验	长方检验	187.166
	自由度	28.000
	Sig.	0.000

表 5-5 结果显示，上述指标变量通过了 KMO 检验，可以用因子分析法。

其次，计算样本相关系数矩阵的特征值及方差贡献率，确定公共因子个数。

从表 5-6 的输出结果中可以看出，前三个因子的累计贡献率达到 85.071%，用主成分分析法，提取三个公因子作为综合评价的公因子。

表 5 - 6　总方差解释

因子	主成分得分的初始特征根			公因子载荷平方和		
	方差	方差百分比	方差累计值	方差	方差百分比	方差累计值
1	3.268	40.856	40.856	2.979	37.243	37.243
2	2.474	30.927	71.783	2.721	34.017	71.261
3	1.063	13.288	85.071	1.105	13.810	85.071
4	0.511	6.382	91.453			
5	0.492	6.147	97.600			
6	0.160	1.996	99.596			
7	0.030	0.377	99.973			
8	0.002	0.027	100.000			

注：提取方法为主成分分析法。

由表 5 - 7 旋转后的因子载荷矩阵表可知，第一个主因子在净利润增长率（X2）、净资产收益率（X8）、营业利润增长率（X1）、总资产周转率（X7）上有较大载荷，称为成长及盈利能力因子，代表企业成长及盈利能力。第二个主因子在流动比率（X4）、每股收益增长率（X3）、速动比率（X5）上有较大载荷，称为偿债及投资能力因子，代表企业偿债及投资能力。第三个因子在存货周转率（X6）上有较大载荷，称为经营能力因子，代表企业经营能力。

表 5 - 7　旋转后的因子载荷矩阵

因子	1	2	3
X2	0.952	-0.066	-0.074
X8	0.937	-0.077	-0.078
X1	0.856	0.154	0.181
X7	0.668	0.467	0.364
X4	-0.025	0.967	0.004
X3	-0.010	0.960	-0.044
X5	0.117	0.779	-0.040
X6	0.033	-0.088	0.961

注：①提取方法为主成分分析法。②旋转方法为方差极大正交旋转。③旋转 4 次。

再次，求出各因子得分和综合得分，进行绩效综合评价（见表5-8）。

表5-8 因子得分系数矩阵

因子	1	2	3
X1	0.276	0.018	0.092
X2	0.342	-0.067	-0.151
X3	-0.043	0.359	-0.047
X4	-0.053	0.362	-0.001
X5	0.010	0.286	-0.053
X6	-0.068	-0.041	0.890
X7	0.181	0.142	0.277
X8	0.338	-0.070	-0.153

注：①提取方法为主成分分析法。②旋转方法为方差极大正交旋转。③因子得分。

$F1 = 0.276 \times X1 + 0.342 \times X2 - 0.043 \times X3 - 0.053 \times X4 + 0.010 \times X5 - 0.068 \times X6 + 0.181 \times X7 + 0.338 \times X8$

$F2 = 0.018 \times X1 - 0.067 \times X2 + 0.359 \times X3 + 0.362 \times X4 + 0.286 \times X5 - 0.041 \times X6 + 0.142 \times X7 - 0.070 \times X8$

$F3 = 0.092 \times X1 - 0.151 \times X2 - 0.047 \times X3 - 0.001 \times X4 - 0.052 \times X5 + 0.890 \times X6 + 0.277 \times X7 - 0.153 \times X8$

$F = 0.37243 \times F1 + 0.34017 \times F2 + 0.13820 \times F3$

最后，再将三个综合因子得分带入综合评价模型，就可以计算出陕西26家上市公司的综合得分，具体如表5-9所示。

表5-9 陕西上市公司综合绩效评价

名称	F1 企业成长及盈利能力	F2 企业偿债及投资能力	F3 企业经营能力	总得分	排名
宝光股份	-0.2226	0.1762	-0.4369	-0.0833	16
宝钛股份	-0.1199	-0.4023	-0.2127	-0.2109	22
彩虹股份	-0.0122	0.3093	-0.2894	0.0606	12
航发动力	-0.2267	-0.1697	-0.1222	-0.1590	20
中航飞机	0.4938	-0.2510	1.1693	0.2601	5
建设机械	-0.6416	-0.0569	-0.3745	0.2949	4

续表

名称	F1 企业成长及盈利能力	F2 企业偿债及投资能力	F3 企业经营能力	总得分	排名
兴化股份	0.3517	-1.1551	-3.6020	-0.7597	24
西部材料	0.2684	0.4823	0.2847	0.1035	11
环球印务	0.8701	-0.2473	-0.0632	0.2312	6
烽火电子	0.2392	0.0704	2.4268	-0.1035	17
达刚路机	1.1091	-0.2713	-0.6869	0.2259	7
炼石航空	-0.2267	4.2685	-0.1170	1.3514	1
中航飞机	0.6620	-0.1035	-0.3881	0.1577	8
秦川机床	-0.0869	-0.3176	-0.4688	-0.2052	21
中国西电	-0.1296	-0.1035	-0.2267	-0.1148	19
陕鼓动力	-0.0516	0.0305	-0.1929	-0.0355	14
中航电测	0.0601	-0.3520	-0.1154	-0.1133	18
坚瑞沃能	-0.4015	-0.5209	-0.1975	-0.3540	23
中环装备	-0.0332	-0.2152	-0.1296	0.3034	3
隆基股份	-0.3401	-0.5346	3.1350	0.1247	9
陕西黑猫	0.2847	0.3034	-0.6416	0.1206	10
蓝晓科技	0.6280	-0.5556	-0.6526	-0.0453	15
晨曦航空	-3.7303	-0.6759	-0.7792	-1.7268	26
标准股份	-3.5303	-0.4269	-0.1633	-1.4826	25
航天动力	0.0262	-0.0167	-0.2764	-0.0341	13
天和防务	1.7322	-0.6478	-0.9395	0.4484	2

5.3.3　薪酬与绩效的实证研究

(1) 研究假设。在以上的分析中，根据选取的财务指标得出陕西 26 家上市公司绩效的综合评价，现提出如下假设：

假设 H1：陕西上市公司高管的年度薪酬与企业绩效关系显著。

假设 H2：陕西上市公司高管的年度薪酬与企业成长及盈利能力关系显著。

假设 H3：陕西上市公司高管的年度薪酬与企业偿债及投资能力关系显著。

假设 H4：陕西上市公司高管的年度薪酬与企业经营能力关系显著。

（2）相关性分析。根据 SPSS 进行相关性分析，结果如表 5－10 所示。

表 5－10　相关系数

	成长及盈利能力	偿债及投资能力	经营能力	绩效	年度薪酬
成长及盈利能力	1				
偿债及投资能力	0.000	1			
经营能力	0.000	0.000	1		
绩效	0.725**	0.563**	0.232	1	
年度薪酬	－0.251	0.468*	0.541*	0.606**	1

注：*、**分别表示相关系数在 10%、5% 水平下显著。

由表 5－10 可知，陕西上市公司高管年度薪酬与企业绩效相关系数为 0.606，关系显著；陕西上市公司高管的年度薪酬与企业偿债及投资能力相关系数为 0.468，关系显著；陕西上市公司高管年度薪酬与企业成长及盈利能力相关系数为－0.251，关系不显著；陕西上市公司高管年度薪酬与经营能力相关系数为 0.541，关系显著。因此，可以接受假设 H1、假设 H3、假设 H4。

5.4　研究结论

针对以上研究结果，下面对高管物质激励作进一步分析：

（1）陕西上市公司可以从物质激励的角度提高企业绩效。统计分析发现，陕西上市公司高管人员年度薪酬与企业绩效、企业偿债及投资能力、企业经营能力关系显著，高管年度薪酬与企业成长能力及盈利能力关系不显著。因此，可以通过一系列措施与方式加强企业对高管物质激励的效果。

（2）陕西上市公司高管人员物质激励可引入股权激励方式。虽然在《关于上市公司股权分置改革中国有股股权管理有关问题的通知》中，国资委明确表示：对于已经完成股权分置改革的国有控股上市公司，可以进行探索并实施高管股权激励方案。然而，由于种种原因，在我国真正实行股权激励还不成熟，其有效性还有待时间的考验。通过研究结论，实施股权激励的正面效应不言而喻，但目前不能盲目夸大其正面效应而忽视其可能导致的负面效应。作为一把“双刃剑”，股权激励是金融工具及其所衍生的工具在现代公司的分配制度中的映射，这是一个系统工程，既需要安排合理的内部管理模式，也需要相应的外部管理模式保证股权激励的实施。

(3) 陕西上市公司高管物质激励需要长期性考虑。陕西上市公司对高管的物质激励所起到的长期激励作用还很有限，需要考虑物质激励的其他形式，从长期性角度提升对高管人员的激励效果，最终对企业的绩效做出应有贡献。

5.5 小 结

我国企业高级管理人员的激励问题一直是各方关注的焦点。高管激励对企业的绩效是否产生影响，是值得关注的问题。本书对陕西上市公司的高管物质激励与公司经营绩效关系的研究运用上市公司的经验证据来考察。本章利用陕西上市公司 2017 年年度报告提供的高管人员货币报酬及企业绩效等信息，以现代模型进行统计分析，对陕西上市公司高管激励问题进行建模实证分析，提取共同特征。本章在实证分析中，在用绩效作为高管薪酬的测度指标时，基于 2017 年年度样本数据，采用综合财务指标对企业绩效做综合评价，更加客观地分析高级管理层激励与陕西上市公司绩效的相关问题。陕西上市公司高级管理层物质激励效应，即相关性研究分为以下几个步骤：①在大量阅读文献的基础上，选取八项财务指标：营业利润增长率、净利润增长率、每股收益增长率、流动比率、速动比率、存货周转率、总资产周转率、净资产收益率进行企业综合绩效评价；②基于因子分析法对上市公司的绩效进行综合评价，并提出四项假设；③根据得出的上市公司综合绩效与高管的年度薪酬进行相关性分析，验证结果接受假设 H1、假设 H3、假设 H4，即陕西上市公司高管的年度薪酬与企业绩效呈正相关关系、陕西上市公司高管的年度薪酬与企业偿债及投资能力呈正相关关系、陕西上市公司高管的年度薪酬与企业经营能力呈正相关关系。最后针对研究结果，对高管物质激励做出以下分析：提出陕西上市公司可以从物质激励的角度提高企业绩效，可以通过一系列措施与方式加强企业对高管物质激励的效果；陕西上市公司高管人员物质激励可引入股权激励方式，其运行和激励约束功能通过两个方面发挥作用，需要安排合理的内部管理方法，还需要相应的外部治理方案以保证股权激励的实施；陕西上市公司对高管的物质所起到的长期激励作用还很有限，需要考虑物质激励的其他形式，从激励长期性角度提升对高管人员的激励效果，最终对企业的绩效做出应有贡献。

第6章　陕西上市公司高管非物质激励实证研究

6.1　研究背景

1980年，Fama指出，未来大多数人都将认同非物质激励在管理中所发挥的重要性，一方面，是由于高管人员的需求是多级别的，另一方面，实现物质需求的满足感也可通过非物质需求获得。此外，来自职业关心的隐性激励与来自薪酬契约的显性激励的结合会产生最优契约。众所周知，激励机制的关键因素包括工作成就感、个人荣誉、职业前途以及社会认可度等。很多管理学专家都认为对高管人员物质激励的同时不能忽视非物质激励的效应，如荣誉、感情等。根据我国基本国情，对企业经营者所实施的精神激励是物质激励不能完全到位的前提下的重要补充，精神激励是“天平的砝码”，所衍生的职业责任制是交易成本最低的责任制度。相关多方面的研究指出，企业高管或企业家工作满意度正相关激励因素排在前六位的是：特长与工作匹配、职业成就感、职业感兴趣点、充实丰富的工作过程、社会地位，以及职业挑战性。

来自美国的学者Kovach在1995年通过对美国工业的企业所有人和各部门经理进行激励机制研究发现，企业所有人与部门经理之间存在激励机制认识差异。企业所有人认为，部门经理最应重视的激励因素中并不包括高薪酬、稳定性、职位升迁、职业环境；而部门经理所重视的很多隐性激励因素却被企业所有人忽略，包括工作性质、职业赞赏、职业认可等。

在此基础上并基于第3章中的理论模型结果，本书认为，对高级管理人员的非物质激励也是不可或缺的，本章即使用SPSS统计分析软件对陕西上市公司高级管理人员的非物质激励进行实证研究。

6.2 非物质激励研究假设的提出

6.2.1 非物质激励指标解释

（1）指标选取的原则

① 客观公正性。客观性是指指标体系的选取要能够客观、真实地反映上市公司高管非物质激励的内在要求；公正性是指对上市公司高管非物质激励指标解释要公开透明，统计数据的来源、数据处理的流程、实证方法以及实证结果公开。

② 科学合理性。指标体系的设计符合上市公司自身发展规律，指标体系的确定以及数据收集都有相关的专业理论支持，指标体系要能全面反映上市公司实际的高管非物质激励状况；指标体系的标准值和权重能保证其清晰的设置结构性。

③ 系统层次性。上市公司高管非物质激励以“一带一路”为背景，一系列相互关联并影响的指标构成了一个有机的指标体系。整个指标体系是由多个组成部分拼接，严谨的内部结构、严密的逻辑性，多样性与层次性并存，各个组成部分相辅相成、环环相套。

④ 实际操作性。一方面表现在，主观数据主要通过发放问卷、网络问卷、面对面访谈获得，从巨潮资讯网所披露的上市公司年报中获得客观数据；另一方面，直接获取数据，计算过程简便，减少不确定的定性指标，保证定量指标的可信度。概括为“一切从实际出发”。

⑤可测可比性。大量数据通过简单计算法获得，这些指标数据要满足易获性和可靠性，简单明确的计算方法能够保证数据更高的准确性。为了确保实证分析能适用于不同上市公司高管非物质激励情况的分析，于“一带一路”背景下构建上市公司高管非物质激励与企业绩效关系的研究数据模型，采用统计学分析，得出验证结果，从而具有可比性。

⑥ 简明引导性。简明性就是要求在“一带一路”视角下所选取的分析指标要尽量精简，选择具有较强代表性的指标，能满足指标科学量化、数据易获性和结果可靠性。所谓引导性是指不仅要有上市公司高管非物质情况的结果，而且要有一定的引导功能，引导企业不但能够提升其绩效发展水平，同时能够全面实现高管非激励因素对绩效提高的正相关性，制定完整、全面的激励政策，更好地促进上市公司的发展。

（2）所选取指标的解释

本书第2章中界定非物质激励的方式指标包括三个方面，即个人成就、职业成长和工作环境。

个人成就是由工作中得到的能使人满足的成就感，表现为工作的重要性、工作内容丰富化、工作的价值性、专业领域的认同感、工作的挑战性、角色完整性及企业和社会机构所赋予的荣誉。自我价值实现是高级管理人员需求的重要组成，主要来自所从事的工作及职业地位，显而易见，不同的工作及职业地位在企业中的价值不尽相同，高附加值的工作及职业地位能激发高级管理人员的工作积极性。此外，高级管理人员通过挑战性的工作能够促进企业发展，通过整体大局来思考自己的工作来完成完整性的活动，且能够获得一定的成功，个人成就感油然而生。企业或社会机构能赋予高级管理人员相应的荣誉，并使他们能够在专业领域甚至社会上获得认同和尊重，相应的也会产生成就感。

成长激励主要是指企业良好的发展前景、控制权与进入权、授权管理、职业生涯发展规划及参与决策。企业发展前景是指企业具有良好的运作模式及长期潜力，高级管理人员在企业中能够凭借自身努力和科学的管理促进企业良性发展，制定明确的奋斗目标，通过企业不断成长造就自我价值。控制权与进入权（Access）是指企业能够破除原有管理架构，使得高管能够管理一定重要岗位和重要资源；授权管理与控制权与进入权相似，高管需要企业给予限定的权力和资源，使他们能够自由配置。职业生涯发展规划是企业需为高级管理人员设计个人的职业生涯，通过对高管个性的了解，个人的爱好，以及企业岗位设置要求、发展规划来制定。参与决策是高管在企业中的角色体现，企业制定发展规划和决策时，必须尊重和征求高管的意见，不能使高管形同虚设。

工作环境包括工作设施、企业文化、团队凝聚力、公开交流与沟通、学习环境以及企业主的管理水平。良好的工作设施对所有的员工来说应该都具有激励作用。当然，企业的高级管理人员也不例外。工作环境中包括的各个因素的作用都是显而易见的。

6.2.2 非物质激励效用分析

在经济学中，消费者从一组商品和服务之中获得的幸福或者满足的尺度是用效用来衡量的。以这种衡量尺度为标准，人们在谈论效用的增加或降低的时候就有所参考，因此，我们也可以在解释一种经济行为是否带来好处时有衡量标准。基于此，要弄清楚什么是激励效用，首先就要全面分析激励的作用过程。任何人对待一个激励目标，并不是机械、自动、直接决定自己的工作积极性，即决定自己的激励力量；其理性行为应该是先分析判断自己对激励目标的满意程度，其次再决定工作的积极性；最后，在个人积极性、个人能力和环境因素的共同作用下，才最终产生了绩效。因此，激励作用过程可用图 6 – 1 表示。关于激励效应，很少有学者对其做出科学的界定，但在不同的文献中，却对它又有不同的理解。有的学者把激励效应理解为激励力量，即由于激励而引发的工作动力。美国心理学家弗鲁姆于 1964 年提出了著名的期望理论（Expectancy Theory）。他认为，激励力量受到两个因素影响：一是目标效价，指人对目标价值的判断。如果实现该目标对人来说很有价值，人的积极性就高；反之就低。二是期望值，指人对目标可能性的估计。如果人觉得实现该目标的可能性大，就会努力争取，激励程度就高；反之就低，以致完全没有。只有当期望值（Expectancy）和目标效价（Valence）都高时，激励力量（Motive Force）才能最大限度地发挥出来。很多学者在实证研究中，为了弥补动力论无法对激励效应作计量分析的缺陷，就干脆把激励效应简单地理解为绩效，试图用绩效来测度激励效应。绩效的可观察性和测度理论的相对成熟性，为激励效应的计量分析提供了极大的便利。

激励效应，顾名思义，就是指激励效果，即由激励目标所产生的效果。但效果又分直接效果和间接效果，即如果由 A 引起 B，再由 B 引起 C，那 B 就是 A 的直接效果，C 则是 A 的间接效果；效果又分控制性效果和影响性效果，即如果 B 是由 A 一个因素引起的，则 B 就是 A 的控制性效果，如果 B 是由 A 等两个以上因素引起的，则 B 是 A 的影响性效果。因此，从不同的角度进行测度，就对效用有不同的理解。但最能真实、准确反映一个因素效用的，莫过于其直接、控制性效果。从激励作用过程图可以看出：满意程度是激励目标的直接效果，激励力量和工作绩效是激励目标的间接效果；满意程度和激励力量是激励目标的控制性效果，工作绩效是激励目标的影响性效果。因此，激励效应的科学定义应该为：受激励者对激励目标的满意程度。在此，我们不妨将其称为“满意论”。根据该定义，本书将高级管理人员的非物质激励效应定义为陕西上市公司高级管理人员对非物质激励目标的满意程度以及这种满意程度对公司绩效的影响。

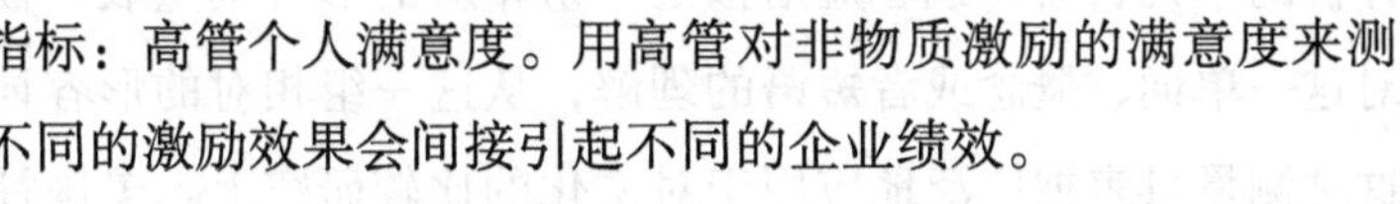

图 6－1　激励作用过程[①]

因此，在本章的实证研究中对高管人员非物质激励的效用测度，将采用主观指标：高管个人满意度。用高管对非物质激励的满意度来测度激励效果，不同的激励效果会间接引起不同的企业绩效。

6.2.3　非物质激励研究假设

本章就非物质激励中的三种不同方式与高级管理人员满意度的关系提出以下假设：

假设 H5：非物质激励中的成就激励越强，高管个人满意度越高。

① 关淑润. 人力资源管理[M]. 北京：对外经济贸易大学出版社，2001：294.

假设 H6：非物质激励中的成长激励越强，高管个人满意度越高。

假设 H7：非物质激励中的工作环境激励越强，高管个人满意度越高。

基于赫茨伯格的“双因素理论”，工作环境激励作为保健因素不能使高管达到满意的效果，而在假设 H7 中，假设工作环境激励与高管个人满意度的效果是呈正相关关系的，本书对工作环境激励定义包括工作设施、团队凝聚力、企业文化、管理水平、公开交流与沟通、学习环境等多个因素。而战秋媛（2014）的研究中也验证了非物质激励与满意度呈正相关关系。因此，本章在假设 H7 中先做出正相关假设，依据后续数据统计与实证分析结果进行验证。

6.3 问卷设计与数理统计

本节将讨论问卷设计的主要过程和问卷处理的一些问题，并利用 SPSS 22.0软件对问卷进行初步的数理统计。

6.3.1 问卷设计

通常情况下，调查问卷的评分测量大多使用量表的形式。量表包含四种形式，即李克特量表、语义分化量表、累积量表以及总加量表，其中语义分化量表主要针对态度进行测量，又称语义差异量表，自 20 世纪 50 年代兴起，由美国心理学家奥斯古德（1957）设计。它的设计主要是对所要衡量和评价的单词、概念或者短语拟定一组相对的形容词量表，被测者依据自己对这一单词、概念或者短语的理解，从这一组相对的形容词中选择其一。这种测量量表被广泛地应用于对文化的比较研究上。美国社会心理学家李克特（1932）在总加量表的基础上加以改进，从而形成了李克特量表，该量表将每一个描述的测量从不利到有利划分为五个维度：非常不同意、不同意、无所谓或者不确定、同意、非常同意。被测者可根据自己的理解或感受选择相应的维度，如此可以很清晰地反映人们对这一描述的态度。显然，该量表的优点在于简单易行且具有比较高的可信度。测定态度在某一方面的具体特征可以采用累积量表，累积量表还可以用来测定人与人之间的交往程度。该量表具体项目之间逻辑关系联系紧密，或从强到弱，或从弱到强，也就是说，如果被测者同意量表中的某一项目，那么该项目之前的所有项目他也必然是同意的，从中可以看出被测者对这一问题的具体态度。总加量表又称为总和量表，它用一组描述来反映人们对某一具体事物的态度或看法，被测者根据这些描述选择同意或者不同意，并分别根据回答计算分值，最后将被测者对这一组描述所做出所有回答的分值进行加总，总分值的高低反映出被测者对这一具体事物的最终态度。可见，以上四类量表各具特色，适用范围也各有侧重。

本书采用问卷调查法收集有关数据。Churchill 和 Gilbert（1979）以量表开发原则为基准，采用李克特量表得到被试对象对所在企业或组织的非物质激励方式的内在感受及个人满意度水平，该量表的设计符合本研究的实际，能够清晰地反映被测对象的真实感受和态度，且容易理解、实施便捷、具有较高的可信度。同时，我们为研究模型中的潜变量也设计了相应的量表。为了保证问卷的合理性及表述的清晰性，本书通过两个渠道获得潜变量的观测项：第一，对现有文献资料的归纳、总结；第二，通过与专家及同行讨论，自行开发一些观测项，以弥补现有文献的不足。形成的问卷终稿进行了发放，并能按时收回。本书对问卷中各个指标的测量采用李克特的五点量表法，分为 5、4、3、2、1 五级，分别代表“非常同意”，“比较同意”，“一般”，“较不同意”，“很不同意”。问卷中对高管人员对非物质激励的个人满意度同样采用李克特的五点量表法，分别为“很满意”，“比较满意”，“一般”，“不太满意”，“很不满意”。其中 5 代表“很满意”，逐次递减。

本书的问卷调查包括四个部分：

第一部分为卷首语，内容主要是向被测者阐述调查的目的、目标以及相关保密性措施，消除被测者的戒备心理，使其能够实事求是地按照自身情况予以作答，从而得到稳定、高可信度的调研结果。

第二部分是针对高管人员非物质激励三种方式的题项。具体包括：成就激励，七个题项；成长激励，七个题项；工作环境激励，七个题项。

第三部分涉及激励方式个人满意度的测量四个题项，包括成就激励题项、成长激励题项、工作环境激励题项、非物质激励题项。

第四部分是高级管理人员统计学特征指标。从被测者的性别、年龄、文化程度、工作部门、职务、在企业服务年限、本岗位工作时间、主管工作八个方面进行数据收集，了解被测者的个人社会学基本特征。其中性别包括男、女两个选项；年龄包括30岁及以下、31～40岁、41～50岁、51～60岁及60岁以上五个选项。文化程度包括博士、硕士与双学士、大学本科、大专及大专以下五个选项；工作部门、职务由被测者填写；在企业内服务年限包括1～2年、3～5年、6～10年、11～15年及15年以上五个选项。在本岗位工作时间包括1年之内、1～3年、3～5年、5～10年、10年以上五个选项；主管工作包括生产、财务、后勤、工程技术、人力资源、企业文化、营销服务、行政等八个选项。

6.3.2 样本及数据来源

本章以陕西省在沪深两市的上市公司高级管理人员为研究对象，根据第5章中的有效样本企业（26家）的高管发放问卷。被测企业高管的数据按以下三种途径采集：①研究者至企业调研，与高管人员面对面填答；②通过企业人力资源部转交填答；③直接寄给企业高管人员填答。本次共发放问卷200份，实际回收问卷170份，其中有效问卷165份，有效问卷回收率为82.5%。

6.3.3 样本描述性统计分析

数据的计算、汇总选用Excel 2013，数据后期处理选用SPSS 22.0，对样本基本情况进行描述性统计分析。

表6－1 调查对象基本情况的描述性统计

基本资料		样本数/个	样本占比/%	累计百分比/%
性别	男	70	80.5	80.5
	女	17	19.5	100.0

续表

基本资料		样本数/个	样本占比/%	累计百分比/%
年龄	30岁以下	0	0	0
	31~40岁	5	5.8	5.8
	41~50岁	55	63.2	69.0
	51~60岁	27	31.0	100
学历	博士	7	8.1	8.1
	硕士与双学士	41	47.1	55.2
	大学本科	21	24.1	79.3
	大专	18	20.7	100
	大专以下	0	0	100.0

从表6-1中可以分析得出：在陕西上市公司高管层中，男性居多，达80.5%，所占比重过半；高管年龄层分布比较集中，近63.2%的高管分布在41~50岁；从学历统计来看，高管层的文化水平较高，本科及硕士、双学士的比例过半，占总数的79.3%。

6.3.4　项目—总体相关系数分析

根据Ruekert和Churchill（1984）的观点，项目—总体相关系数用来检验：①是否每一个题项与其所在的维度相关；②在相关的样本中，这种相关性是否具有理论意义（Conceptual sense）。利用数据对非物质激励各个维度下的题项进行项目—总体相关系数分析，分析结果如表6-2所示。从表6-2中可以看出，每一个题项在其所在的维度上的相关系数均显著大于删除值0.5。

表6-2　项目—总体相关系数

题目代码	项目—总体相关系数	题目代码	项目—总体相关系数
Q1.1	0.712	Q2.7	0.686
Q1.2	0.673	Q3.1	0.762
Q1.3	0.609	Q3.2	0.687
Q1.4	0.582	Q3.3	0.740
Q1.5	0.750	Q3.4	0.601

续表

题目代码	项目—总体相关系数	题目代码	项目—总体相关系数
Q1. 6	0. 563	Q3. 5	0. 627
Q1. 7	0. 629	Q3. 6	0. 598
Q2. 1	0. 682	Q3. 7	0. 642
Q2. 2	0. 599	Q4. 1	0. 729
Q2. 3	0. 659	Q4. 2	0. 657
Q2. 4	0. 691	Q4. 3	0. 582
Q2. 5	0. 774	Q4. 4	0. 611
Q2. 6	0. 697		

6. 3. 5　样本信度与效度分析

考察某项研究的科学性及其价值，主要关心两项指标：信度和效度（李怀祖，2004），[①] 信度和效度在评价研究工作时的地位是并列的。信度是效度的必要条件但非充分条件。也就是说，具有良好信度的研究可能同时具有良好的效度，但是信度较低的研究不可能具有高的效度。因此，必须先分析样本的信度，在保证样本具有良好信度的基础上再考察样本的效度。

量表信度也被称作量表可靠性，指的是对选定的某一对象采用相同的方式进行重复测量，得到的多次测量结果内部一致性的程度。若多次测量的结果具有一致的或稳定的特征，则可认为该测量工具拥有较高的可信度。目前，常用的测量信度方法包括重测信度、复本信度、折半信度、α 信度系数四种方法。重测信度法，是指采用同样的问卷对同一组被测对象经过一段时间间隔进行前后两次测量，通过判断两次测量的相关系数来判定测量量表信度的方法。这种方法多适用于事实性的调查问卷。复本信度法是指两份除题项的表述方式不一样之外，其他完全一致的调查问卷，要求被测对象对两份问卷在相同时间内一次性填答完毕，通过判断两份问卷的相关系数来衡量该量表信度，这种方法在实际应用中操作较困难，因此

① 李怀祖．管理研究方法论：第二版[M]．西安：西安交通大学出版社，2004：58－74.

很少使用。折半信度法是指将原调查问卷平均分为两半，被测对象分别填答，通过两部分的相关系数来判定量表信度的方法，该方法多应用于意见或态度式调查量表的信度分析。α 信度系数法是目前最常用的信度测量方法，也是本章采用的方法。

（1）信度分析

信度是对一种现象的测度提供的稳定性（Stability）、等值性（Equivalence）和内部一致性（Internal Consistency）结果的程度（李怀祖，2004）。信度越高，代表同一量表内不同题项所测量到的分数受误差的影响越小，因而使量表题项的分数在不同调查对象的回答之间有一致的变动方式，并能够反映真实状态。单维度性（Unidimensionality）可看作是对计算信度（Calculating Reliability）的一种假定（吴明隆，2003）。有两种方法可以检验这种内在一致性，Cronbach's α 系数和验证性因子分析（Confirmatory Factor Analysis）。在单一维度内考察测量题项之间的内在一致性最流行的指标是 Cronbach's α 系数。良好的内部一致性是采用累加李克特量表的一个前提。Cronbach's α 系数法是常用的问卷内部一致性的评价方法。本书将主要使用 Cronbach's α 系数来验证构成结构变量的每一维度内组合题项的一致性。Cronbach's α 系数法利用各题项得分的方差、协方差矩阵或相关系数矩阵，借助式（6.1）计算各题项间的同质性，得出唯一的信度系数。

$$\alpha = \frac{N}{N-1}\left[1 - \frac{\sum S_i^2}{S_r^2}\right] = \frac{N}{N-1}\left[1 - \frac{N}{N+2r}\right] \tag{6.1}$$

式（6.1）中，N 为题数；S_i^2 为第 i 题的题内方差；S_r^2 为总分方差；r 为题项间的相关系数的总和。

当量表的 Cronbach's α 系数值高于 0.70 时，即说明该量表具有相当程度的信度（李怀祖，2004）。但是，用 Cronbach's α 作为信度是有局限性的。Cronbach's α 系数法的应用条件为：问卷的所有题目必须是平行（Parallel）、共性的，即所有题目必须测量同一种现象，并以相等程度解释该现象的变异量。一个测量工具具有高的 Cronbach's α 系数值，并不能保证其单维度性（侯杰泰等，2004）。因此需要综合应用 Cronbach's α 系数和验证性因子分析、了解所测量的潜变量的维度。单维度性的讨论，其实也是评估测量题项的构思效度（侯杰泰等，2004）。验证性因子分析是用以评价维度内每一测量题项以及与其他维度或测量题项的潜在交叉荷载（Cross-load）之间的一致性问题。

偏 α 系数是量表在去掉某个测量项目之后的 Cronbach's α 系数。量表所属测量项目的偏 α 系数均低于该量表的 Cronbach's α 系数时，表明去掉任何一个测量项目都会使量表的信度降低，从而可以论证量表构成具有可靠性。

本书将综合考察应用 SPSS 22.0 软件进行 Cronbach's α 系数检验以及效度分析对题项和变量的探索性因子分析的检验结果，认为如果两者均满足参考值标准，则问卷具有良好的信度。表 6－3 是对本书中主要变量的 Cronbach's α 系数检验的结果。

表 6－3　研究变量的信度检测值

测量项目		α 系数	偏 α 系数
成就激励	Q1. 1	0. 806	0. 755
	Q1. 2		0. 743
	Q1. 3		0. 784
	Q1. 4		0. 767
	Q1. 5		0. 728
	Q1. 6		0. 805
	Q1. 7		0. 766
成长激励	Q2. 1	0. 856	0. 829
	Q2. 2		0. 805
	Q2. 3		0. 806
	Q2. 4		0. 853
	Q2. 5		0. 826
	Q2. 6		0. 854
	Q2. 7		0. 843

续表

测量项目		α 系数	偏 α 系数
工作环境激励	Q3.1	0.843	0.836
	Q3.2		0.785
	Q3.3		0.763
	Q3.4		0.783
	Q3.5		0.760
	Q3.6		0.779
	Q3.7		0.768
个人满意度	Q4.1	0.816	0.815
	Q4.2		0.776
	Q4.3		0.718
	Q4.4		0.734

由表 6－3 可知，陕西上市公司高管非物质激励问卷中各个题项的 α 系数都超过了 0.7 这一最低可接受水平。且各个测量项目的偏 α 系数均低于其所属维度的 α 系数，可以证明，这些测量项目全部应该保留在量表中。可见，高级管理人员的非物质激励量表的内部一致性高，信度较好。

信度分析说明该问卷的整体结构设计具有较高的可信度。由此可以认为，该问卷具有较好的内在信度，依此调查得到的数据是可信的，基于该问卷进行的数据统计分析结果也是比较可靠的。

（2）效度分析

量表效度即量表的有效性，指的是使用一定的测量工具或测量手段对所需测量的事物进行测量，得到的结果与事物的特质匹配的准确程度。若测得的结果具有很高的准确性和匹配性，则说明该量表能达到研究测量的目的，是有效的量表。

① 效度分析简介

内容效度（Content Validity）测验量表内容或题项的适当性与代表性，即测验内容是否能反映所要测量的心理特质，能否达到所要测量的目的或行为构想，它反映测量工具的合适性。如果调查问卷的题项设计涵盖了研究所涉及的所有概念及内容，就认为问卷具有良好的内容效度。本书以相关理论为基础，参考众多学者的研究成果，结合深度访谈，针对陕西上市公司高级管理层的特点进行了问卷设计，并经过有关专家的认真审查，因此被认为符合内容效度的要求。

建构效度（Construct Validity），即量表所能测量理论的概念或特质的程度。建构效度由于有理论的逻辑作为基础，同时又根据实际所得的资料来检验理论的正确性，因此是一种相当严谨的效度检验方法。为检验量表的构建效度，应进行因子分析。因子分析即找出量表的潜在结构，减少题目的项数，使之变成一组较少而彼此相关较大的变量，即“探索性的因子分析”。本书将采用探索性因子分析的方法，对问卷的建构效度进行初步检验。

② 探索性因子分析

首先，我们分别将总体量表的 25 个测量项目、非物质激励量表的 21 个测量项目以及个人满意度量表的 4 个测量项目依次纳入因子分析的变量范围。采用主成分分析的方法进行因素抽取，并对原始因素负载系数进行最大方差垂直旋转变换。因素抽取的最终个数以因子特征值大于 1 作为判别标准，同时参考因子特征值的碎石图。因素抽取的有效性指标选用采样充足度的 Kaiser – Meyer – Olkin（KMO）测度，该系数越大，表明变量间的共同因素越多，越适合进行因子分析。此外，从 Bartlett's 球形检验的卡方值看是否显著，显著则代表母群体的相关矩阵间有共同因素存在，适合进行因子分析。

根据 Kaiser（1974）准则的要求，KMO 大于 0.60，是进行因子分析的最低要求；KMO 大于 0.80，表明项目之间适于进行因子分析。本书的因素抽取结果显示，非物质激励量表、个人满意度量表的 KMO 分别为 0.827、0.813，都远高于判断值，因此可以认为因素抽取结果具有很高的有效性（见表 6 – 4、表 6 – 5）。Bartlett's 球形检验的结果（$p = 0$）也说明适合进行因子分析。

表 6－4　非物质激励量表的 KMO 和 Bartlett's 球形检验

KMO 抽样测度		0.827
球形检验	长方检验	766.822
	自由度	210
	Sig.	0.000

表 6－5　个人满意度量表的 KMO 和 Bartlett's 球形检验

KMO 抽样测度		0.813
球形检验	长方检验	63.364
	自由度	6
	Sig.	0.000

为了确保测量的单维度性，需要对每个变量分别进行因子分析，如果对于每个变量都只生成一个因子，就能够确保研究变量的单维度性。Anderson 和 Gerbing（1988）也曾经指出，单维度的检验是确定各个架构含义的必要条件。

针对变量的单维度检验，是将该变量的所有题项作因子分析。原则上，应该只生成一个因子。具体的检验结果如表 6－6 所示。分析结果表明，所有假设为单维度的变量都生成了一个因子，而且一个因子提取的信息量也较大。上述分析结果说明理论论述部分对各个变量的论述是合理的。三个因子的贡献率如表 6－7 所示。

表 6－6　变量的单维度检验

变量	因子数目	解释百分比/%
成就激励	1	68.413
成长激励	1	71.780
工作环境激励	1	60.007

表 6－7　总方差解释

因子	各公因子载荷的平方和		
	主成分得分的方差	方差百分比/%	方差累计值/%
1	2.873	25.454	25.454
2	2.678	20.168	45.622

续表

因子	各公因子载荷的平方和		
	主成分得分的方差	方差百分比/%	方差累计值/%
3	1.119	18.363	63.985

注：提取方法为主成分分析法。

本章在理论论述部分论述了非物质激励的三个维度及个人满意度的一个维度。这里利用回收的数据进行探索性因子分析，以便证实理论部分的分析是正确的。表6－8、表6－9、表6－10分别给出了关于非物质激励和个人满意度的探索性因子分析结果。从探索性因子分析的结果可以看出，本次研究对高级管理人员非物质激励的划分及个人满意度不仅能够从理论上进行论证，而且实际数据也能够很好地区分非物质激励的三个维度。

表6－8　变量的多维度检验

变量	因子数目/个	解释百分比/%
非物质激励	3	64.185
个人满意度	1	65.727

表6－9　非物质激励的探索性因子分析

	1	2	3
Q2.1	0.851		
Q2.3	0.794		
Q2.2	0.785		
Q2.6	0.774		
Q2.7	0.766		
Q2.5	0.722		
Q2.4	0.656		
Q1.2		0.798	
Q1.5		0.787	
Q1.3		0.773	
Q1.6		0.766	
Q1.4		0.753	
Q1.7		0.753	

续表

	1	2	3
Q1. 1		0. 730	
Q3. 1			0. 781
Q3. 7			0. 778
Q3. 6			0. 666
Q3. 2			0. 635
Q3. 4			0. 629
Q3. 3			0. 617
Q3. 5			0. 585

表6－10 个人满意度的探索性因子分析

	因子
	1
Q4. 3	0. 832
Q4. 1	0. 756
Q4. 2	0. 719
Q4. 4	0. 632

6. 3. 6 相关性分析

本节对上述的因子分析所证实的研究变量：成就激励、成长激励、工作环境激励、个人满意度进行相关性分析，对假设进行初步的检验。一般来说，假设中的两个变量应该具有较高的相关性，并且相关系数具有统计意义。表6－11给出了检验变量之间的相关系数及其显著性指标。可以看出，假设的各组关系中，相关系数都具有统计意义，成就激励、成长激励、工作环境激励均与个人满意度显著性相关。

表6－11 变量相关系数

		个人满意度	成就激励	成长激励	工作环境激励
个人满意度	Pearson 相关性	1	0. 640 **	0. 681 **	0. 665 **
	Sig. (2－tailed)		0. 000	0. 000	0. 000
	N	87	87	87	87

续表

		个人满意度	成就激励	成长激励	工作环境激励
成就激励	Pearson 相关性	0.640 **	1	0.650 **	0.593 **
	Sig. (2-tailed)	0.000		0.000	0.000
	N	87	87	87	87
成长激励	Pearson 相关性	0.681 **	0.650 **	1	0.710 **
	Sig. (2-tailed)	0.000	0.000		0.000
	N	87	87	87	87
工作环境激励	Pearson 相关性	0.665 **	0.593 **	0.710 **	1
	Sig. (2-tailed)	0.000	0.000	0.000	
	N	87	87	87	87

注：* * 为在 0.01 水平（双侧）上显著相关。

6.3.7 回归分析

本节进一步使用回归分析各个内生变量被解释的程度及各前因变量对内生变量的贡献。采用强制进入法进行回归分析，得到 1 个回归方程，回归分析结果见表 6-12、表 6-13。

表 6-12 回归总体效果

模型	R	R^2	调整 R^2	F	显著性水平	D-W 检验
1	0.756a	0.572	0.548	24.458	0.000	1.824

注：a. 解释变量为成就激励、成长激励、工作环境激励。
b. 被解释变量为个人满意度。

表 6-13 回归系数及检验

方程	因变量	自变量	β	t	p	容忍度
1	个人满意度	成就激励	0.154	2.225	0.009	0.543
		成长激励	0.293	2.140	0.005	0.415
		工作环境激励	0.190	2.277	0.006	0.467

由表 6-12、表 6-13 中可以看出，F 系数为 24.458，在 0.001 水平上具有统计显著性，说明非物质激励变量对个人满意度解释程度较高；回归方程的 t 检验表明，标准化回归系数 β 在 $p<0.01$ 的置信区间内具有统计意义。成就激励、成长激励、工作环境激励对个人满意度具有正相关影

响，基本验证了假设 H5、假设 H6、假设 H7，即非物质激励中的成就激励越强，高管个人满意度越高，非物质激励中的成长激励越强，高管个人满意度越高，非物质激励中的工作环境激励越强，高管个人满意度越高。R^2为 0.756，表明自变量对因变量的解释程度较好，方程的拟合度良好。DW（Durbin Watson）值是对残差序列相关性的检验分析，如果残差间相互独立，则该统计量取值应在 2 附近。表中数据表明，残差间无显著相关性，回归方程拟合效果较好。同时，各个自变量的容忍度均大于 0.1，说明不存在多重共线性问题。

早在 20 世纪 30 年代便出现了人际关系运动，当时，由梅约领导的“霍桑实验”提出，工作满意度影响工作绩效，职工的“士气”决定生产效率的高低，提高产量的基础源于职工心理需要的满足。在社会心理学领域，态度和行为的一致性决定了态度影响行为的结果，如奥尔波特（G. W. Alport）认为，态度就是“心理和神经准备状态从经验中系统化，对个体的反应有指示性或动态的影响”。所以，态度影响行为这种观点，为工作满意度影响工作绩效提高提供了一种主体支持。

6.4　陕西上市公司高管非物质激励的综合评价

本部分根据问卷主要涉及的 9 家样本企业高管的非物质激励情况进行综合评价和排名。从前文的分析中，已知高管的非物质激励包括成就激励、成长激励、工作环境激励，且各因子的贡献率已知。

将经过标准化后的数据代入因子得分系数矩阵，如表 6－14 所示，就可以计算出各企业在三个综合因子方面的得分。

表 6－14　因子得分系数矩阵

	1	2	3
*X*1	0. 066	0. 050	－0. 198
*X*2	0. 052	0. 194	－0. 113
*X*3	0. 009	0. 205	－0. 083
*X*4	－0. 156	0. 275	0. 040

续表

	1	2	3
$X5$	−0.153	0.230	−0.003
$X6$	−0.101	0.224	0.039
$X7$	0.066	0.200	0.050
$X8$	0.190	−0.073	0.190
$X9$	0.158	−0.038	0.081
$X10$	0.182	−0.107	0.016
$X11$	0.098	−0.033	−0.094
$X12$	0.152	0.094	−0.159
$X13$	0.158	−0.089	0.039
$X14$	0.092	−0.070	0.128
$X15$	0.062	−0.042	0.369
$X16$	−0.102	0.047	0.143
$X17$	−0.088	−0.135	0.119
$X18$	0.004	0.176	−0.138
$X19$	0.234	0.005	−0.241
$X20$	−0.022	−0.077	0.224
$X21$	0.098	−0.072	0.257

注：①提取方法为主成分分析法。②旋转方法为方差最大化正交旋转。

$F1 = 0.066 \times X1 + 0.052 \times X2 + 0.009 \times X3 - 0.156 \times X4 - 0.153 \times X5 - 0.101 \times X6 + 0.066 \times X7 + 0.190 \times X8 + 0.158 \times X9 + 0.182 \times X10 + 0.098 \times X11 + 0.152 \times X12 + 0.158 \times X13 + 0.092 \times X14 - 0.062 \times X15 - 0.102 \times X16 - 0.088 \times X17 + 0.004 \times X18 - 0.234 \times X19 - 0.022 \times X20 + 0.098 \times X21$

$F2 = 0.050 \times X1 + 0.194 \times X2 + 0.205 \times X3 + 0.275 \times X4 + 0.230 \times X5 + 0.224 \times X6 + 0.200 \times X7 - 0.073 \times X8 - 0.038 \times X9 - 0.107 \times X10 - 0.033 \times X11 + 0.094 \times X12 - 0.089 \times X13 - 0.070 \times X14 - 0.042 \times X15 + 0.047 \times X16 - 0.135 \times X17 + 0.176 \times X18 + 0.005 \times X19 - 0.077 \times X20 - 0.257 \times X21$

$F3 = -0.198 \times X1 - 0.113 \times X2 - 0.083 \times X3 + 0.040 \times X4 - 0.003 \times X5 + 0.039 \times X6 + 0.050 \times X7 + 0.190 \times X8 + 0.081 \times X9 + 0.016 \times X10 - 0.094 \times X11 - 0.159 \times X12 + 0.039 \times X13 + 0.128 \times X14 + 0.369 \times X15 +$

$0.143 \times X16 + 0.119 \times X17 - 0.138 \times X18 - 0.241 \times X19 + 0.224 \times X20 + 0.257 \times X21$

$$F = 0.24554 \times F1 + 0.21268 \times F2 + 0.18363 \times F3$$

将五个综合因子得分代入综合评价模型，就可以计算出陕西9家上市公司高管非物质激励的综合得分，由综合得分排列出次序，具体如表6－15所示。

表6－15　各公司高管非物质激励评价表

名称	$F1$ 成长激励	$F2$ 成就激励	$F3$ 工作环境激励	综合得分	排名
宝光股份	0.2382	－0.4812	－0.3211	－0.1028	6
宝钛股份	0.7586	－0.1678	－0.0222	0.1465	4
彩虹股份	－1.6926	0.2605	0.1252	－0.3372	7
中航飞机	－0.3304	0.3837	1.7312	0.3184	1
秦川机床	0.9043	－1.8039	－2.0375	－0.5358	8
建设机械	0.6693	－1.3574	0.5942	－0.0153	5
兴化股份	1.6695	1.0432	－0.3415	0.2009	3
西部材料	－0.7209	0.9412	1.2855	0.2592	2
中国西电	－0.5354	0.0518	－2.7561	－0.6265	9

在本部分的研究中发现，高管非物质激励与企业绩效正相关，企业可以通过加强对高管的非物质激励手段，提高企业绩效。切勿忽视非物质激励因素。例如，表6－15中的中国西电、秦川机床等企业，都应重视非物质激励因素。

6.5　研究结论

本章在基于提高企业绩效的目的之上，通过上述相关研究成果的论述，对陕西上市公司高级管理层非物质激励问题作了一些研究，主要研究结论如下：

（1）通过以上实证分析结果证实了三个假设的成立

对陕西上市公司高级管理层的成就激励、成长激励、工作环境激励与其个人满意度具有显著性正相关。即非物质激励中成就激励越大，个人满意度越强；非物质激励中成长激励越大，个人满意度越强；非物质激励中工作环境激励越大，个人满意度越强。因此，公司要重视高管人员在非物质层面的激励。根据非物质激励的效用分析，高管在工作中有较高的满意度，可以通过其行为影响企业绩效。

（2）非物质激励具有持续的内驱动作用

如果把组织看作一台结构完整的机器，则高管就如其中的零部件，物质激励就像动力装置，为机器的运转提供能源，使员工能够在各自的岗位上各司其职、正常运作。而非物质激励就如润滑油，不但能减少机器的摩擦和零件的松动，从而使机器能够高效地运转，更能起到保养零件的作用，使零件和机器的使用寿命更加长久。因此，非物质激励是一种主导的、持久的激励形式。非物质激励是有别于物质激励的，可以以不同的形态经常使用，不断激励员工，提高工作效率。

（3）非物质激励的必要性

陕西上市公司高级管理层是企业战略制定者，负责整个公司的组织与协调，对企业的经营管理拥有很大的决策权和控制权，他们是企业激励的主要对象，单纯地通过高薪等物质方式来进行激励显然是不够的，从降低企业成本和加强对高管激励的长久性考虑，应该加强对高管的非物质激励。因此，对陕西上市公司高管的激励应该采取物质激励与非物质激励的组合，只片面注重一方激励是不可取的。

6.6 小 结

基于第 3 章的理论模型结果，得出对高级管理人员的非物质激励也是不可或缺的，本章据此对陕西上市公司高级管理人员的非物质激励进行实证研究。首先，对非物质激励的方式指标：成就激励、成长激励、工作环境激励进行解释与界定；对高管人员非物质激励的效用测度采用主观指标：高管个人满意度。用高管对非物质激励的满意度来测度激励效果，认为不同的激励效果会间接引起不同的企业绩效，并就非物质激励中的三种不同方式与高级管理人员满意度的关系提出3项假设，即假设H5、假设H6、假设H7。其次，对问卷进行项目—总体相关系数分析及信度效度分析，利用数据对非物质激励各个维度下的题项进行项目—总体相关系数分析，分析结果显示，每一个题项在其所在的维度上的相关系数均显著大于删除值0.5。考虑到在保证样本具有良好信度的基础上再考察样本的效度，本章综合考察应用SPSS 22.0软件进行Cronbach's α系数检验以及效度分析对题项和变量探索性因子分析的检验结果，认为如果两者均满足参考值标准，则问卷具有良好的信度。①陕西上市公司高管非物质激励问卷中各个题项的α系数都超过了0.7这一最低可接受水平。且各个测量项目的偏α系数均低于其所属维度的α系数，故所有测量项目应全部保留于量表之中。可见，高级管理人员的非物质激励量表的内部一致性高，信度较好。信度分析说明问卷的整体结构设计具有可信度高的特点。所以，可以得出结论：该问卷具有很高的内在信度，依此调查所得到的所有数据结论可信，基于数据的问卷所进行的统计学分析结果是可靠的。②问卷所具有良好内容效度可以由问卷的题项设计涵盖的研究所决定，包括涉及的所有概念及内容。本书通过参考专家观点的研究成果，以专业理论为基础，结合深度访谈，针对陕西上市公司高级管理层的特点进行了针对性的问卷设计，通过了专业领域专家的审查，被认为符合内容效度的要求。③本书的因素抽取结果显示，非物质激励量表、个人满意度量表的KMO分别为0.827、0.813，高于所设置的判断值，可认为因素抽取结果具备高有效性。通过Bartlett's球形检验的结果（$p=0$）验证，进一步说明了适合进行因子分析。根据探索性因子分析结果可得出结论，本次研究从理论上论证了高级管理人员非物质激励的划分及个人满意度之间的关系，而且实际数据也可依据三个维度对非物质激励进行区分。最后，假设的各组关系中，相关系数都具有统计意义，成就激励、成长激励、工作环境激励均与个人满意度显著性相关。回归方程的t检验表明，标准化回归系数β在$p<0.01$的置信区间内具有统计意义。成就激励、成长激励、工作环境激励对个人满意度具有正相关影响，基本验证了假设H5、假设H6、假设H7，即非物质

激励中的成就激励越强，高管个人满意度越高，非物质激励中的成长激励越强，高管个人满意度越高，非物质激励中的工作环境激励越强，高管个人满意度越高。非物质激励是有别于物质激励的，可以以不同的形态经常使用，不断激励员工，提高工作效率。单纯地通过高薪等物质方式来进行激励显然是不够的，从降低企业成本和加强对高管激励的长久性考虑，应该加强对高管的非物质激励。

第7章　技术创新投入对企业绩效影响的实证研究

7.1　研究背景

技术创新在国家创新发展、企业经济快速提高方面起到了重要支撑作用，创新理论和新经济增长理论为支撑作用提供了理论依据。创新理论的研究认为，创新资源的持续性投入是企业进行创新活动的前提，是企业保持竞争优势的前提，是企业获得高水平的经营绩效的主要动力。因此，技术创新的投入在增加企业的市场价值层面发挥重要的作用。新经济增长理论和创新理论指出，科学技术的不断进步、持续发展与经济增长息息相关，是其主要动力来源。同时，企业的研发创新活动带动了科学技术的不断进步、持续发展。在企业看来，提高生产效率进而抢占更多的市场份额，获得更多的利润，都需要自身技术的快速进步做依托；从国家层面分析，其也同步推动国家经济的快速增长。基于上述理论分析及当代企业实际投入，越来越多的企业不断增强对技术创新的投入力度，体现出企业已逐渐意识到技术创新的重要作用。但在两者之间关系的理论研究方面，学术界仍存在一定的争论。笔者通过对既往的文献进行查阅后发现，仍有大部分学者认为技术创新促进了企业绩效的提高。例如，英国学者 Wakelin 通过对本国的企业在 8 年（1988—1996 年）内的面板数据的分析，发现企业技术创新投入力度越大，其生产效率越高，即技术创新投入量与企业绩效值呈正向相关关系。同样地，美国学者 Connolly（2005）以本国的企业创新活动数据为研究对象统计分析结果显示，技术创新投入强度越大，托宾Q值越大。国内学者分析结果与国外学者存在一致性，通常国内学者以上市公司为研究样本，结果显示，企业技术创新投入与企业绩效呈正相关关系。陆国庆（2011）对企业投入与企业绩效进行研究，结果显示：首先，技术创新在一定程度上能够抵消其他要素所带来的高生产成本，从而增加企业利润。其次，企业要突破现有固定市场认知度不高的局限，需要依靠技术创新。程宏伟等（2001）在验证两者关系时还发现其影响效应逐年递减。企业要想长远发展，必须不断加强技术创新，因为技术创新具有较强的针对性和竞争优势。同样，胡保亮（2012）也在创业板上市公司的实证研究中验证了上述两种要素之间的正向关系。然而，部分国内外学者通过研究，发现相反的结论，指出企业技术创新投入与绩效之间相关性不显著，甚至影响为负相关。Gou（2004）在研究中，以软件行业为样本，发现技术创新投入强度越高，企业的利润率和生产率越低。国内学者郭斌（2006）研究发现，研发强度负作用于企业的利润率，在研究中国软件产业时得出的结论与Gou一致。Lin（2006）在研究过程中以专利数据作为技术创新的投入指标，以美国258家企业为研究对象，通过统计学分析发现，技术创新投入与企业绩效之间无显著相关性。

对技术创新投入与企业绩效的关系进行研究时，国内学者普遍以公司特征、治理结构、市场环境等多因素为调节变量，将薪酬激励等物质激励方式作为调节变量的研究较少，关于非物质激励方式作为调节变量的，如成就、成长、工作环境激励等的研究更为缺乏。因此，本章将以上市公司物质激励和非物质激励作为分析调节变量，研究对象为我国2017年前陕西上市公司中属于沪深制造业的企业，探讨作为技术创新活动主要载体的陕西省制造业，在对高管实施激励时，对技术创新投入与企业绩效是否具有正向的调节作用。

7.2　假设提出

7.2.1　技术创新投入与企业绩效的关系假设

在对多数文献的整理研究中可以发现这样的研究结论，即企业加大研发投入会促进企业绩效的增强。只要企业的研发活动不断投入，积累技术优势，就会获得一定的成功，由此进一步获得行业内的竞争优势，并获得研发投入所带来的受到国家法律保护的相关直接成果：如专利、技术以及新产品。结果就是，企业在同行业中获得认可并占据行业垄断地位，为获得高额利润做铺垫。企业不断地研发投入，可以使原有的生产技术和生产方式得到有效更新，企业品牌价值得到提升，并不断开拓新的市场。上述行为能够在一定程度上减轻企业的经济负担，使企业生产成本降低，加强核心竞争力，经营绩效进一步提高，最终实现企业的可持续发展。

英国贸工部（DTI）在 2005 年发布的报告中，通过对本国企业的研究分析指出，某个企业大规模持续创新研发活动必定会带来该企业经济效益的持续增长，即两者呈正相关关系。所以，企业开展技术创新活动为提高市场竞争力、实现可持续发展奠定了基础。如今，企业变革的核心概念就是熊彼特曾提出的“创造性破坏”。企业家为了实现超额利润，需要不断创新，需要重新组合生产要素，以便能够获得新的竞争优势。而企业的技术创新就是核心竞争力的提高动力，促进了推进产品结构的调整，最终目的是使企业获得不断加强的、对市场的控制能力。企业在生产过程中所产生的生产成本以及相关费用，可以通过技术创新而降低，使其在有效提高生产率的同时，增强对市场环境的适应性。可见，技术创新投入提升企业的盈利能力和营运能力包含两种方式，即提高销售额和降低各种相关费用，使企业扩大市场占有率、提升企业营运能力有了可靠保障。综上，本章节提出假设如下：

假设 H8：企业技术创新投入与企业绩效之间具有正相关关系。

7.2.2 高管激励组合对企业技术创新投入与企业绩效的调节效应假设

（1）高管物质激励的调节作用假设

企业的技术创新活动相对于企业一般的投资活动而言，具有高风险、高度不确定性。而企业高管——重大战略的决策者——对创新研发的制定起着决定性作用。

委托—代理理论研究表明，两权分离是企业股东与管理层之间的利益分歧之源。企业的所有者——股东所制定的企业发展的最终目标就是实现企业的可持续发展，不断追求企业价值和绩效的最大化，并努力实现他们最终的目标。因此，对企业而言，若未来有能够带来高收益的项目，股东们会更愿意为实现高收益进行大规模的投资。作为企业的管理者，企业高管的任期受时间限制，一旦在其任期内出现任何投资失败事件，并随之产生企业不愿承担的经营风险，必定会受到股东们的弹劾。由于创新研发项目的投资多，风险较大，管理层从自身安全性和稳定性角度考虑，往往会放弃对创新研发项目的投资。相对于股东期望的高收益所带来的高风险，管理者更愿意回避风险并厌恶风险。

薪酬契约理论研究结果表明：可以用高管薪酬水平对企业绩效的敏感程度来衡量两者之间是否存在相关性。两者之间敏感程度越高，表明高管与股东间的利益越趋于相同，管理者就会主动做出有利于企业长远发展的战略决策，以期在未来契约的订立过程中拥有较高的话语权。国内学者也做了相关研究，如唐清泉（2009）对我国上市公司高管个人财富进行相关研究，研究表明，高管的个人财富仍处在积累阶段。与长期激励方式相比，如股权激励，他们更倾向于选择短期的薪酬激励，获取短期收益。王燕妮（2011）以实证分析的角度，研究了高管薪酬激励制度与企业研发投入之间的相关性。研究以制造业上市公司为样本，选取 529 家的上市公司数据为样本数据，通过构建多元回归模型进行实证分析，研究结果证明：高管薪酬激励与研发投入之间呈正相关关系，即给予高管薪酬越多，企业进行研发投入就会越多。王燕妮（2012）主要分析高管激励对研发投入的影响，其以制造业为研究对象进行研究，发现技术创新活动在短期内会削弱管理者进行创新投入的积极性，这是由于其持续的周期长、风险大等，在短期内的回报不够明显，相比较而言，短期激励方式中的薪酬激励产生的效应激励作用更显著。而陈晓辉、王贞洁（2014）分析薪酬激励与企业技术创新投入之间的关系，研究以制造业上市公司为样本，结果表明，薪酬激励对企业研发投入存在正向影响。

针对本书的样本企业都是以制造业为主，研发创新投入对于制造业来说是不可或缺的，研发创新投入的红利需要一定时间，因此企业高管更加注重未来报酬，考虑长远的利益，将企业利益与个人利益结合起来考虑。综上所述，本章提出以下相关假设：

假设 H9a：高管物质激励与技术创新投入具有正相关关系。

假设 H10a：高管物质激励对技术创新投入和企业绩效之间的关系正向调节。

（2）高管非物质激励的调节作用

本书第 2 章中界定非物质激励的方式指标包括成就激励、成长激励和工作环境激励。自我实现需求在高级管理人员的需求中占据很大一部分，该主体来自高管所从事的工作及岗位；任职于企业的关键或核心岗位的高管对个人以及对企业来说都具有较高的价值。这样的工作和岗位就很能激发这类高管的工作积极性。同时，如果这类工作具备很高的挑战性，并能够促进企业可持续发展，这类高管的成就感会随着完成工作而倍增。成长激励主要包括企业具有良好发展前景（企业具有良好的发展潜力就是企业发展前景，通过自身努力促进企业发展的高级管理人员借助企业不断地成长，使得自身价值不断实现）、控制权与进入权、职业生涯发展规划、授权管理及参与决策。工作环境激励主要是指工作条件设施、团队协作、管理水平、企业文化、公开交流与沟通、学习环境。高管要获得的自我成就感、工作的挑战性在一定程度上来自资源的技术创新，企业长期发展的不竭动力就是技术创新。企业在不断的发展中，披荆斩棘，让高管的工作更具有挑战性，同时获得成就感，并加强小组团队的协作精神、提高团队凝聚力。企业加大技术创新投入力度、生产方式和技术经过不断的研发、产品不断的改进都会使企业生产成本进一步降低，在提高产品的核心竞争力的同时，获得行业中的竞争优势，实现企业和持股高管人员的双赢，同时使企业获取高额报酬。可以看出，持续性增加的企业技术创新投入对企业的经济增长有着积极的作用，还能够通过增加企业高管薪酬回报，进一步提高高管工作积极性。从长远的角度来看，企业技术创新可以避免企业产品或工艺同质化，提高产品或工艺在行内的差异化，科学地降低生产成本并能迅速占领及扩张市场，抢占有限的市场份额，增加企业绩效及收益。本书根据上述的理论分析和研究得出结论：企业对高管实施非物质激励因素可实现技术创新投入增加，进而提高企业绩效，因素之间存在正向相关关系。

鉴于此，本章节提出相关假设如下：

假设 H9b：高管非物质激励与技术创新投入呈正相关关系。

假设 H10b：高管非物质激励对技术创新投入与企业绩效之间的关系正向调节。

7.3 样本选择与数据收集

随着越来越多的上市公司对高管实施股权激励，高管的工作积极性增加，对企业绩效有很大的促进作用。上市公司对于研发的强度不尽相同，不同的行业类型所采取的研发强度也不尽相同。调查结果显示，我国 80%以上披露研发支出的上市公司都集中在制造业和信息技术业。本章选取 2017 年陕西省在沪深 A 股上市的制造业相关公司为研究对象，对其筛选按下述原则展开：①在所有样本中剔除 R&D 投资数据为 0 的企业及公司；②剔除金融类上市企业及公司；③剔除数据异常、缺失甚至无法计算的公司；④剔除 ST、PT 股票的公司。经过上述四项条件筛选，共选取 26 个样本，本章所需的数据均来自企业年报中的技术创新投入，通过翻阅样本公司年报获取，根据巨潮资讯网——中国证监会指定信息披露网站的企业年报获得，依据 CSMAR 数据库分析企业特征数据。主要运用 Excel 2016 及

SPSS 22.0 统计软件进行数据分析处理。本章有效样本为 26 家（见表 7－1）。

表 7－1　陕西上市公司研究样本统计①

样本	股票代码	股票名称	所属行业
1	600379	宝光股份	制造业
2	600456	宝钛股份	制造业
3	600707	彩虹股份	制造业
4	600893	航发动力	制造业
5	000768	中航飞机	制造业
6	600984	建设机械	制造业
7	002109	兴化股份	制造业
8	002149	西部材料	制造业
9	002799	环球印务	制造业
10	000561	烽火电子	制造业
11	300103	达刚路机	制造业
12	000697	炼石航空	制造业
13	000768	中航飞机	制造业
14	000837	秦川机床	制造业
15	601179	中国西电	制造业
16	601369	陕鼓动力	制造业
17	300114	中航电测	制造业
18	300116	坚瑞沃能	制造业
19	300140	中环装备	制造业
20	601012	隆基股份	制造业
21	601015	陕西黑猫	制造业
22	300487	蓝晓科技	制造业
23	300581	晨曦航空	制造业
24	600302	标准股份	制造业
25	600343	航天动力	制造业
26	300397	天和防务	制造业

① 资料来源：巨潮资讯网 http://www.cninfo.com.cn。

7.4 定义变量及构建模型

7.4.1 对变量的定义

对变量的定义如表 7－2 所示。

（1）将企业绩效作为被解释变量

在国内外的大部分研究中，用作衡量企业绩效指标的是净资产收益率（Return On Equity，ROE）。净资产收益率概念是股东权益报酬率，是指净利润与平均股东收益的百分比。由于 ROE 反映的是股东权益的收益水平，衡量由股东投入的资金所产生的效益，指标值越高，说明投资带来的收益越高。如果企业提高利润水平的方式是通过大量财务杠杆的运作实现，并没有采用实际的经营方式，这时投资者会被 ROE 的虚高蒙蔽。相比来看，总资产回报率（Return On Assets，ROA）更能全面反映企业对资产的合理利用情况。ROA 即资产的收益效率，是企业在一定时期内的利润总额与资产平均总额的比值，是评估一个公司的盈利能力相对其总资产值的高效指标，主要是用来衡量企业每单位资产所创造净利润的量。可见，ROA 的数值越高，代表的企业盈利能力越好。因此，本书将 ROA 作为企业绩效的评估指标。

（2）将高管激励组合作为调节变量

本书将高管激励组合分为物质激励和非物质激励，对物质激励水平的替代变量选取高管薪酬水平进行研究；选取高管的工作挑战性、竞争性等主观评价作为非物质激励水平的替代变量。①以高管薪酬（$\ln XCH$）来衡量高管薪酬激励水平即物质激励水平。公司高级管理人员年薪总和就是高管薪酬，包含工资、奖金等。本书选取年报披露的金额最高的前三名高管的报酬总额平均值作为研究变量。高管薪酬数据的采集，对于披露区间数据的，一律处理为区间的中间值；对于只披露下限的，一律取该下限值；对于只披露上限的，一律取该上限值；对于披露前三名年薪总额的，一律取算术平均数。②采用高管的工作挑战性、竞争性等主观评价（CJ）作为衡量高管非物质激励的指标，高管从工作重要性、工作挑战性、工作价值性、工作内容丰富化、人物完整性以及企业社会给予的相应荣誉获得的成就感所带来的激励。具体表现为 *CJ* 可以用调查问卷、访谈的形式来反映企业所有者通过对企业管理层实施非物质激励所影响的公司重大战略决策的程度。

(3) 以技术创新投入作为解释变量

本书采用研发支出与主营业务收入的比值对技术创新投入的规模进行衡量，结合上市公司年度财务报告附注等相关资料，结合可获取性和可靠性高的数据，采用企业研发支出与主营业务收入的比值对企业技术创新投入强度进行衡量。

(4) 控制变量

前人对影响企业绩效的因素都做了研究与界定，本书在前人研究的基础上，根据所选取样本的类型及特征，对影响企业绩效的四个因素界定如下，包括企业规模（ln 期末总资产）、现金流量（经营活动现金流量净额/期末总资产）、资产负债率（期末负债/期末总资产）、成长能力（营业收入增长率）。各变量的定义如表 7－2 所示。

①企业规模

本书中对企业规模的替代变量采取企业总资产的自然对数。产品生产产量随着企业生产规模扩大而不断增加，量产化可使单个产品的生产成本逐渐降低，最终产品的总成本下降，可使企业实现规模经济效应。在此效应下，企业通过降低成本获得价格的竞争优势，使其在行业内获得超额利润。通过不断的良性循环，在企业规模不断扩大的基础上，就可以储备、拥有充足的资金投资用于新研发项目，随着研发的不断投入与技术创新，产出的产品性能得到提高，企业在市场上的核心竞争力增强，使企业的利润大大提高。

②现金流量

企业间竞争激烈，现金流量管理体系建立是提高企业市场竞争力的基础，也是企业生存与发展的重要保障。在现代企业理财活动中，现金流量管理已经成为一项重要职能。所谓现金流量的定义是指在一定时期内，企业按照收付实现制所产生的现金的流入和流出的总数，是投资项目在其整个寿命期内所发生的现金流出和现金流入的全部资金收付数量，是通过净现金流量与年末资产总额的比值衡量。企业的现金流是评价投资方案经济效益的必备资料。现金流在企业中如同人类身体里流淌的血液，企业需要现金流来保持其平稳顺畅地运行，这也决定了企业财务状况的好坏。很多企业面临倒闭的风险或者出现倒闭，都是因为现金流出现问题。企业开展创新研发活动的前提依靠丰富的资金支持，现金流量充足与否，对企业的创新研发以及所带来的绩效都有着非常重要的影响。

③资产负债率

采取资产负债率（企业负债总额与资产总额的比率）这一指标来衡量企业的长期偿债能力。该指标反映了企业偿还债务的综合能力，企业偿债能力强弱与指标大小呈负相关关系，指标升高时企业要承担较大的财务风险。此外，它也反映了企业的总资产中通过举债得到的资产所占的百分比。对企业股东而言，一般采用举债经营管理企业，以有限的资本投入而取得所有权，并且可以获得举债经营的杠杆利益。但是，资产负债率过高的企业也要面临一定的负面影响，负债比例过高必将增大企业所面临的财务风险。所以，企业在确定资产负债率之前，一定要充分考虑企业所面临的各种内外风险因素，并能做出正确的财务决策，从而促进企业的良性的可持续发展。下文的回归模型统计分析的控制变量是资产负债率，以控制杠杆作用对企业绩效产生的影响。

④成长能力

成长能力即发展能力，是指企业在经营活动中所具备的可持续发展能力，包括市场竞争力的增强、市场占有份额的扩大、绩效的提升等。企业的成长能力越高，越能提升企业行业内外的威望，将获得更多的资金支持以及人才的青睐，这些现象都将反馈于企业高管，使他们更加注重创新研发活动。因此，本书统计分析的控制变量采取销售增长率，实证分析中通过本年营业收入增长额与上年营业收入总额的比值计算得出。

表 7-2 变量定义

变量分类	变量名称	变量符号	变量定义
因变量	企业绩效	*ROA*	净利润/企业平均资产总额
自变量	技术创新投入	*R&D*	研发支出/主营业务收入
调节变量	高管物质激励	ln*XCH*	高管薪酬总额前三平均值的自然对数
	高管非物质激励	*CJ*	工作挑战性、价值性和重要性等评价得分自然对数平均值
控制变量	企业规模	*SIZE*	期末资产总额的自然对数
	现金流量	*CF*	本年度经营现金流/期末总资产
	成长能力	*Growth*	本年应用收入增长额/上年营业收入总额
	资产负债率	*LEV*	期末负债总额/资产总额

7.4.2 构建模型

（1）以下是技术创新投入与企业绩效关系的数学模型：

$$ROA = \alpha_0 + \alpha_1 R\&D + \alpha_2 SIZE + \alpha_3 CF + \alpha_4 LEV + \alpha_5 Growth + \varepsilon \quad (7.1)$$

在模型（7.1）中，用总资产报酬率（*ROA*）对企业绩效的衡量作为被解释变量，将企业技术创新投入规模（*R&D*）作为解释变量。若模型中技术创新投入项（*R&D*）系数 α_1 通过显著性检验，则证明假设 H8 成立。

（2）以下是对高管激励组合对技术创新投入关系的数学模型：

$$R\&D = \alpha_0 + \alpha_1 \ln XCH + \alpha_2 SIZE + \alpha_3 CF + \alpha_4 LEV + \alpha_5 Growth + \varepsilon \quad (7.2)$$

$$R\&D = \alpha_0 + \alpha_1 CJ + \alpha_2 SIZE + \alpha_3 CF + \alpha_4 LEV + \alpha_5 Growth + \varepsilon \quad (7.3)$$

在上述模型（7.2）、模型（7.3）中，将薪酬水平（ln *XCH*）、高管成就感（*CJ*）分别作为自变量，同时加入控制变量，分别用来验证高管物质激励和非物质激励对技术创新投入规模（*R&D*）是否具有促进作用。若模型中高管薪酬水平（ln *XCH*）、高管成就感（*CJ*）的系数都通过显著性检验，则假设 H9a、假设 H9b 可以证明成立。

（3）以下是高管物质激励对技术创新投入和企业绩效之间的调节效应关系的数学模型：

$$ROA = \alpha_0 + \alpha_1 R\&D + \alpha_2 SIZE + \alpha_3 CF + \alpha_4 LEV + \alpha_5 Growth + \varepsilon \quad (7.1)$$

$$ROA = \alpha_0 + \alpha_1 R\&D + \alpha_2 \ln XCH + \alpha_3 SIZE + \alpha_4 CF + \alpha_5 LEV + \alpha_6 Growth + \varepsilon \quad (7.4)$$

$$ROA = \alpha_0 + \alpha_1 R\&D + \alpha_2 \ln XCH + \alpha_3 R\&D \times XCH + \alpha_4 SIZE + \alpha_5 CF + \alpha_6 LEV + \alpha_7 Growth + \varepsilon \quad (7.5)$$

本章节采用分层回归的方法，借鉴调节效应检验程序的统计方法，以模型（7.1）为基础，依次加入高管物质激励、高管物质激励与技术创新投入的交互项，并引入控制变量，对高管薪酬激励对技术创新投入与企业绩效的调节效应进行验证。

（4）高管非物质激励对企业技术创新投入和绩效之间的相关性关系数学的模型为：

$$ROA = \alpha_0 + \alpha_1 R\&D + \alpha_2 SIZE + \alpha_3 CF + \alpha_4 LEV + \alpha_5 Growth + \varepsilon \quad (7.1)$$

$$ROA = \alpha_0 + \alpha_1 R\&D + \alpha_2 CJ + \alpha_3 SIZE + \alpha_4 CF + \alpha_5 LEV + \alpha_6 Growth + \varepsilon \quad (7.6)$$

$$ROA = \alpha_0 + \alpha_1 R\&D + \alpha_2 CJ + \alpha_3 R\&D \times CJ + \alpha_4 SIZE + \alpha_5 CF + \alpha_6 LEV + \alpha_7 Growth + \varepsilon \quad (7.7)$$

采用分层回归的方法，在模型（7.1）的基础上，依次引入高管非物质激励（CJ）和高管非物质激励与技术创新投入的交互项（$R\&D \times CJ$），各控制变量逐一加入，判断高管主观成就感与调节技术创新投入和企业绩效之间的关系，并验证相关性。

7.5 实证分析

7.5.1 描述性统计与共线性检验

（1）描述性统计分析

翟淑萍等（2015）对企业研发投入强度进行研究，研究表明，企业可以维持生存的研发投入强度至少要达到相关性企业成本的 2% ；而当研发投入至少达到企业成本的 5% 时，企业才能具备竞争力。对样本数据的描述性统计结果如表 7－3 所示，包含样本自变量、因变量、调节变量、控制变量的数据统计，从表 7 – 3 中可以看出，样本企业技术创新投入均值为 5.0274，从样本企业的研发投入力度上看，竞争力水平刚刚具备。如果企业想要获得核心竞争优势，就要重视技术创新，并对创新研发的投入力度逐渐加大。企业不同，其技术创新投入强度也不同，存在较大差异，如表 7 – 3所示，技术创新投入的最小值为 0.0812，最大值为 15.6922。在高管薪酬激励方面，计算排名前三的高管薪酬的平均数的自然对数，最大值为 5.0697，对应的薪酬总额均值为 159.1300 元，最小值为 2.5120，对应的薪酬总额均值为 12.3332 元。数据表明，高管的薪酬在不同企业之间有一定的差距，造成这种现象可能与各个公司的管理制度、发展目标、薪酬体系等相关。企业高管非物质激励水平得分总额最大值为 11.7209，最小值为 0.0540，说明高管对非物质激励的满意度偏低。企业绩效的均值为 0.1009，最小值为 –0.1235，最大值为 1.9911，说明样本企业绩效水平差异比较大。

表 7 – 3　变量描述性统计

变量	最小值	最大值	均值	标准差
ln*XCH*	2.5120	5.0697	3.9056	0.5187
CJ	0.0540	11.7209	4.3215	1.2432
R&D	0.0812	15.6922	5.0274	3.8749
ROA	–0.1235	1.9911	0.1009	0.3814
SIZE	20.3616	24.6684	22.5136	1.3809
CF	–0.0821	0.1180	0.0229	0.0446
LEV	0.0491	0.6013	0.3128	0.1630
Growth	–12.6300	5848.69	250.7324	1120.0416

在控制变量的描述性统计结果中，样本来源的企业规模变量（*SIZE*）的最小值为 20.3616，最大值为 24.6684，平均值为 22.5136，说明这些样本来源企业的规模差距在一定范围以内，不存在规模两极分化的情况。现金流量（*CF*）最大值为 0.1180，最小值为 –0.0821，平均值为 0.0229，这些数据表明，现金流量在样本来源的各企业之间的差距很大，并且现金流量水平整体偏低。一般来说，企业现金流越高，说明企业有较多闲散资

金可供支配，企业的创新研发活动需要一定的现金流支持，但如果企业的现金流水平较低，会在一定程度上抑制企业开展创新研发活动的动力。从样本企业的资产负债率（*LEV*）方面来看，存在比较大的差异，最大值是0.6013，最小值是0.0491，如果企业的资产负债率较高，说明在所研究的样本企业之中，有一部分企业管理层具有较强的进取精神，善于利用债权人资本进行企业的经营活动，但是过高的资产负债率同时会加大企业面临的经营风险。从企业成长性（*Growth*）方面来看，样本企业成长情况普遍较好，平均值为250.7324，最大值为5848.69，最小值为-12.6300，说明各样本企业的发展差异大，部分企业呈现高速增长的同时伴随部分企业出现负增长，两极化现象较为显著。

（2）多重共线性检验

多重共线性检验（Multicollinearity），是指线性回归模型中的解释变量之间由于存在精确相关关系或高度相关关系而使模型估计失真或难以估计准确。一般来说，由于经济数据的限制使得模型设计不当，导致设计矩阵中解释变量间存在普遍的相关关系。完全共线性的情况并不多见，一般出现的是在一定程度上的共线性，即近似共线性。因此，在对模型进行回归分析之前，为防止对模型判断存在误差，需要对各变量进行共线性检验，排除多重共线性的问题。如果回归模型中各解释变量存在某种函数关系，则无法单独考察某一自变量对因变量单独产生的影响，对模型的进一步验证也会造成干扰。本节运用 SPSS 22.0 统计软件对上文假设模型中的各变量元素进行多重共线性检验，结果如表7-4所示。

表7-4 变量多重共线性统计

共线性统计量	ln *XCH*	*CJ*	*R&D*	*ROA*	*SIZE*	*CF*	*LEV*	*Growth*
容差	0.694	0.717	0.932	0.830	0.678	0.847	0.987	0.964
方差膨胀系数	1.475	1.412	1.259	1.391	1.572	1.310	1.012	1.208

一般来说，需要通过各变量的容差和方差膨胀系数（*VIF*）两个指标判断各解释变量之间存在多重共线性的概率。从表7-4中可以看出，容差都在0.6以上，方差膨胀因子（*VIF*）最大值为1.572，检验值都小于10，

说明研究对象的各变量之间不存在明显共线性关联，确保了回归分析的稳定性、合理性的前提，数据可以采用回归分析。

7.5.2 变量的相关性分析

对样本数据的相关性分析，是对建立的模型进行回归分析验证前的工作。相关性不是简单的个体化分析，更不是因果性判断，其所涵盖的范围和领域几乎覆盖了我们平时分析所涉及的方方面面，在不同的专业学科里面的定义有着很大的差异。相关性分析是为衡量两个变量因素的相关密切程度，对两个或多个具备相关性的变量元素进行的分析。相关性分析的前提是在研究对象的各元素之间存在一定的联系或者概率，才可进一步进行分析。从相关性分析的结果可以初步推断出各变量或者元素之间的关联性。本节运用 SPSS 22.0 统计软件对样本企业的变量元素进行 Pearson 相关性检验，由 Pearson 相关系数来判断各个变量之间的相关性系数，在此基础上，对假设检验结果进行初步的分析。Pearson 相关性统计如表 7-5 所示。

表 7-5 变量的相关性分析

变量	ln *XCH*	*CJ*	*R&D*	*ROA*	*SIZE*	*CF*	*LEV*	*Growth*
ln *XCH*	1							
CJ	-0.042*	1						
R&D	0.137**	0.218***	1					
ROA	0.350***	0.363**	0.120**	1				
SIZE	-0.227**	0.235**	-0.256**	-0.097**	1			
CF	-0.008	0.034	0.018	0.486**	0.029	1		
LEV	-0.265**	0.145**	-0.231**	-0.376**	0.353**	-0.189**	1	
Growth	-0.159*	0.173**	-0.015	0.361**	0.017	0.042*	-0.017	1

注：*、**、***分别表示相关系数在10%、5%、1%水平下显著。

表7-5显示，企业研发投入与总资产报酬率呈显著正相关关系，总资产报酬率 *ROA* 与短期薪酬水平、非物质激励水平即工作挑战性呈显著的正相关关系。总资产报酬率与企业可持续发展性、现金流量正相关，可以说，现金流量把握着企业的发展命脉，随着现金流量的增多，对市场风险

的抵抗能力及应变能力就会增强。对企业来说，企业若想有较好的发展能力，需要有充足的现金流量，在某种程度上，充足的现金流代表较好的成长性，对企业绩效的提升有一定的带动作用，这也与大部分研究结果相吻合。高管薪酬水平与企业研发投入显著性相关，相关系数为0.137，高管工作挑战性水平与研发投入也保持正相关关系，相关系数为0.218，两者对研发投入都有正向的推动作用，在很大程度上说明无论企业对高管实施物质激励或者非物质激励，都可以促进高管增大对技术创新活动的资金支持与投入，目的是进一步开展创新研发投入活动。此外，高管薪酬水平与工作挑战性水平 Pearson 相关系数为 -0.042，并在10%的水平上显著，这也反映了两种激励方式具有相互补充的作用。

7.5.3 技术创新投入与企业绩效关系的回归分析

本节通过对假设 H1 的验证，对模型（7.1）进行回归分析，因变量用企业绩效指标总资产报酬率（*ROA*）表示，解释变量（自变量）为研发投入强度（*R&D*），控制变量为公司规模（*SIZE*）、资产负债率（*LEV*）、现金流量（*CF*）、公司成长性（*Growth*）。回归结果见表7-6。

表7-6 技术创新投入与企业绩效关系回归结果

模型（7.1）	非标准化系数		标准化系数	t	Sig.
	B	标准误差	Beta		
(Constant)	-4.63	0.190		-4.15	0.000
R&D	0.390	0.012	1.236	3.312	0.000
SIZE	0.107	0.021	2.342	8.553	0.000
CF	0.369	0.009	0.376	26.451	0.000
LEV	-0.378	0.025	-0.101	-17.906	0.000
Growth	0.192	0.057	0.206	13.758	0000
Adjusted R Square = 0.457		F = 21.685		P = 0.000	

注：因变量为总资产报酬率（*ROA*）。

根据表7-6回归结果，模型（7.1）调整后的 R^2 为0.457，说明对结果具有45.7%的解释能力，模型的拟合度比较理想，F系数为21.685，在0.01水平上具有统计显著性，从回归系数上看，研发投入的回归系数为0.390，在1%的水平上具有显著性，结果说明，企业的研发投入与企业经营绩效之间具有正向相关关系，对企业绩效的提升具有促进作用，验证了假设H8。

7.5.4　高管激励、技术创新投入与企业绩效关系的回归分析

对本章第二个假设的验证，分别通过对模型（7.2）和模型（7.3）建立的方程进行回归分析。用衡量技术创新投入的指标研发投入（*R&D*）作为回归方程的被解释变量，高管物质激励（ln *XCH*）和高管非物质激励（*CJ*）分别作为解释变量，同时加入现金流量（*CF*）、公司规模（*SIZE*）、公司成长性（*Growth*）、资产负债率（*LEV*）作为控制变量，考察技术创新投入与高管激励之间的相关性关系。验证陕西在沪深A股上市公司中制造业相关企业实施不同的高管激励措施对技术创新投入影响区别，回归结果见表7－7和表7－8。

表7－7　高管非物质激励与技术创新投入关系回归结果

模型（7.2）	非标准化系数		标准化系数	t	Sig.
	B	标准误差	Beta		
(Constant)	0.236	0.190		−0.115	0.000
CJ	0.415	0.012	0.286	0.345	0.000
SIZE	−0.057	0.018	−0.351	−3.253	0.043
CF	−0.036	0.003	0.067	−0.795	0.000
LEV	−0.225	0.025	−0.301	−13.506	0.000
Growth	0.029	0.037	0.021	0.058	0.016
Adjusted R Square = 0.419		F = 158.327		P = 0.000	

注：因变量为研发投入（*R&D*）。

表7－8　高管物质激励与技术创新投入关系回归结果

模型（7.3）	非标准化系数		标准化系数	t	Sig.
	B	标准误差	Beta		
(Constant)	0.115	0.061		0.105	0.000
ln *XCH*	0.389	0.026	0.315	2.115	0.000
SIZE	−0.049	0.007	−0.139	−6.363	0.019
CF	−0.331	0.004	−0.055	−0.864	0.000

续表

模型（7.3）	非标准化系数		标准化系数	t	Sig.
	B	标准误差	Beta		
LEV	-0.262	0.022	-0.013	-12.759	0.000
Growth	-0.037	0.038	0.008	0.056	0.058
Adjusted R Square = 0.369		F = 267.155		P = 0.000	

注：因变量为研发投入（*R&D*）。

首先，由表 7－7 和表 7－8 可以看出，两个模型调整后 R^2 分别为 0.419 和 0.369，说明该回归方程具有较好的拟合效果，对结果具有较好的阐述能力。模型（7.2）和模型（7.3）的 F 统计值均在 1% 水平上显著，对高管激励与技术创新投入的关系具有解释意义。模型中的自变量和因变量存在显著的线性关系。

其次，从回归结果可以看出，表 7－7 中高管非物质激励（*CJ*）系数为 0.415，高管物质激励（ln*XCH*）回归系数为 0.389，并在 1% 水平上显著，结果存在统计学差异，说明对高管实施物质激励和非物质激励都可以在一定程度上刺激高管加大在技术创新方面的投入，进行技术创新活动。高管物质激励即薪酬水平正向促进企业的研发投入，高管薪酬水平越高，越有利于高管在企业的技术创新中增加投入，验证了假设 H9a；高管非物质激励越明显，高管所获得的成就感越强，越会加大企业的研发投入强度，即高管非物质激励对企业技术创新投入呈显著正相关，验证了假设 H9b。

7.5.5 高管激励对技术创新投入与企业绩效关系的调节效应回归分析

本部分以温忠麟等的研究方法为参考，对高管物质激励和高管非物质激励对技术创新投入与企业绩效调节效应的相关性进行分析，先将变量做中心化处理，再采用分层回归方法检验变量之间的相关性，判断高管激励对技术创新投入与企业绩效之间是否存在调节作用。首先做出研发投入与企业绩效的多元回归［见模型（7.1）］，其次引入高管物质激励、高管非物质激励为调节变量［见模型（7.2）、模型（7.3）］，最后引入高管物质激励与研发投入的交互项（高管薪酬水平×研发投入强度）、高管非物质激励与研发投入的交互项（高管工作挑战性、竞争性水平×研发投入强度）进行多元回归分析，回归结果如表7－9、表7－10所示。

表7－9　高管物质激励调节效应分层回归结果

变量	模型（7.1）	模型（7.4）	模型（7.5）
ln *XCH*		0.065 *** (2.057)	0.038 *** (1.876)
R&D	0.402 *** (7.619)	0.334 *** (6.324)	0.418 *** (7.635)
Ln XCH×R&D			0.167 *** (2.061)
SIZE	0.110 *** (1.873)	0.072 *** (1.754)	0.128 *** (2.051)
CF	0.451 *** (21.873)	0.359 *** (22.563)	0.387 *** (20.775)
LEV	－0.267 *** (－25.586)	－0.374 *** (－23.224)	－0.342 *** (－23.019)
Growth	0.176 *** (10.029)	0.198 *** (11.552)	0.164 *** (10.394)
年度	控制	控制	控制
行业	控制	控制	控制
Adj－R^2	0.337	0.348	0.359
F值	43.957	153.641	112.653
P	0.000	0.000	0.000

注：括号内数字为t统计值；＊＊＊表示回归结果在1%水平上显著。

表7－9是模型（7.1）、模型（7.4）和模型（7.5）的多元回归分析结果。由表7－9分析结果可知，模型（7.4）中调整后的R^2为34.8%，模型（7.5）中调整后的R^2为35.9%，模型中的拟合度逐渐提高，说明对结果具备一定的解释能力。在分层回归之后，由第一层回归结果可知，企业研发投入对企业绩效的提升具有正向的促进作用，在第二层回归中，加

入了高管物质激励这一变量，从回归方程的系数来看，模型（7.5）在引入了交互项进行回归之后，系数为0.167，并通过了1%的显著性检验；从回归结果显示中看出，高管物质激励与企业绩效也呈显著正相关，模型（7.5）的拟合度 $R^2=0.359$，比模型（7.4）的拟合度更高，说明高管物质激励正向调节技术创新投入与企业绩效，高管物质激励对其产生了显著作用。物质激励对高管产生的激励效果较为明显，高管个人利益与企业利益充分挂钩，在当前的市场环境下，由于高管较为重视对企业技术创新的研发投入，对企业创新投入的实施效果产生了正向作用，并对企业绩效产生了较有利的影响，假设 H10a 得到验证。

表 7-10　高管非物质激励调节效应分层回归结果

变量	模型（7.1）	模型（7.6）	模型（7.7）
CJ		0.095*** (5.324)	0.123*** (6.758)
R&D	0.402*** (7.619)	0.275*** (6.157)	0.317*** (7.189)
CJ×R&D			0.005*** (4.856)
SIZE	0.110*** (1.873)	0.157*** (5.421)	0.124*** (6.502)
CF	0.451*** (21.873)	0.499*** (25.263)	0.368*** (25.869)
LEV	-0.267*** (-25.586)	-0.392*** (-20.928)	-0.361*** (-20.315)
Growth	0.176*** (10.029)	0.193*** (13.579)	0.188*** (13.683)
年度	控制	控制	控制
行业	控制	控制	控制
Adj-R^2	0.337	0.351	0.356
F值	43.957	235.158	108.672
P	0.000	0.000	0.000

注：括号内数字为 t 统计值；***表示回归结果在1%水平上显著。

表7-10是模型（7.1）、模型（7.6）和模型（7.7）的多元回归分析

结果。如表7－10所示，模型（7.1）调整后 R^2 为33.7%、模型（7.6）调整后 R^2 为35.1%、模型（7.7）调整后 R^2 为35.6%，有较好的拟合度，具备一定的解释能力，因此可以得出，拟合度随着变量的进一步增加而逐渐提高，F值也通过显著性检验。第二层回归在第一层回归基础上，加入了高管非物质激励这一变量，结果显示，高管非物质激励与企业绩效也呈显著正相关关系，这表明企业对高管实施非物质激励能够充分调动其主动性和积极性，使高管有意识地为达成工作目标而努力工作。在第二层回归的基础上，第三层回归又加入了高管非物质激励与研发投入的乘积项，由回归结果可知，交互项的系数为0.005，并在1%水平上显著，模型（7.7）调整后的 R^2（0.356）大于模型（7.6）调整后的 R^2（0.351），依据以上结果可以推断出，企业技术创新投入对企业绩效的影响随着高管非物质激励增加而越来越大，即高管持股对企业技术创新投入与企业绩效具有正向调节作用，与假设H10b相符。

7.6 研究结论

本章以陕西省在沪深A股上市公司中制造业相关企业为研究对象，统计采用多元回归分析和分组回归分析的方法，分别对陕西省制造业上市公司技术创新投入与企业绩效之间的相关性，高管物质与非物质激励同技术创新投入的相关性，高管物质与非物质激励对两者关系的调节作用做了深入研究。根据本章的统计结果和分析，得出以下结论：

第一，技术创新投入量与企业绩效值存在正向相关性，即技术创新投入正向影响企业绩效。企业进行技术创新会提高企业经营绩效的水平。企业要想在市场上获得更强的竞争力，并掌握核心竞争力，务必要增强其自主创新能力。而企业要想获得这种能力，一定要进行相应的研发活动，不断推行研发创新，只有研发投入的不断增加才可以令企业实现技术创新并不断进步，才能实现企业的可持续发展战略。因此，通过研发活动所形成的技术创新、开发的新产品使企业获得竞争力的同时促进企业绩效的提升。因此，技术创新投入对企业绩效的促进作用显而易见。

第二，高管薪酬激励对技术创新投入量、企业绩效值均具有正向促进作用。对高管进行物质激励产生的激励效果较为明显，高管个人利益与企业利益充分挂钩，在当前的市场环境下，由于高管较为重视对企业技术创新的研发投入，因而对企业创新投入的实施效果产生了正向作用，并对企业绩效产生了较为有利的影响。高管非物质激励与企业绩效也呈显著正相关，这也说明了高管的非物质激励在调动其主动性和积极性方面有着正向作用，促使其有意识地努力工作，为达成工作目标而不断创新。因此，对高管的激励组合方式对提高企业绩效，调动积极性方面能够起到正向的作用。

7.7 小 结

本章将以上市公司物质激励和非物质激励作为调节变量，以我国 2017 年前陕西省在沪深 A 股上市公司中制造业相关企业为研究样本，对作为技术创新活动的主要载体的陕西省制造业企业进行研究探讨，研究实施高管激励是否对技术创新投入与企业绩效具有正向的调节作用。首先，对技术创新投入与企业绩效的关系提出假设 H8；基于高管物质激励的调节作用考虑，针对本章的样本企业都是以制造业为主，研发创新投入对于制造业来说是不可或缺的，研发创新投入的红利需要一定时间，因此企业高管更加注重未来报酬，考虑长远的利益，将企业利益与个人利益结合起来考虑，提出相关假设 H9a、假设H10a；基于高管非物质激励的调节作用考虑，企业实施非物质激励对技术创新投入与企业绩效间存在正相关关系，提出相关假设 H9b、假设 H10b。其次，对被解释变量、调节变量、解释变量、控制变量进行内容界定，并进行构建模型：构建技术创新投入与企业绩效关系的模型（7.1）、构建高管激励对技术创新投入关系的模型（7.2）与模型（7.3）、构建高管物质激励对技术创新投入和企业绩效之间的调节效应关系模型（7.4）与模型（7.5）、构建高管非物质激励对技术创新投入和企业绩效之间的调节效应关系模型（7.6）与模型（7.7）。最后，在对数据进行多重共线性检验与相关性分析的基础上，验证假设 H8；通过回归及调节效应回归分析，验证高管物质激励即薪酬水平正向促进企业的研发投入，高管薪酬水平增加，对企业进行技术创新投入也增加，验证假设 H9a；高管非物质激励越明显，高管所获得的成就感越强，对企业研发投入强度的促进作用越显著，即高管非物质激励对企业技术创新投入呈显著正相关，验证假设 H9b。在当前的市场环境下，由于高管较为重视对企业技术创新研发投入，对企业创新投入的实施效果产生了正向作用，并对企业绩效产生了较为有利的影响，验证假设 H10a。企业技术创新投入对企业绩效的影响随着高管非物质激励增加而越来越大，即高管持股对企业技术创新投入与企业绩效具有正向调节作用，与假设 H10b 相符。因此，对高管的激励组合方式对提高企业绩效、调动积极性方面能够起到正向的作用。

第8章　促进企业绩效提升的对策建议

8.1 从高管不同激励方式的角度提升企业绩效水平

根据本书第5章、第6章实证分析得出的结论，即通过对高管物质激励和非物质激励的方式可以提升企业绩效水平，本节将从高管不同激励方式的设计方面提出对策建议。

8.1.1 高管激励机制设计的原则

第一，用不同激励方式的综合使用取代单一的激励形式。在过去，我国企业解决激励问题时，通常只注重单一方面的激励，不够全面或多元化。例如，短期的货币激励，表现为改革前多采取精神激励，改革后侧重于物质激励。马斯洛的需要层次理论将人的需要分为五个层次，由高到低依次为：自我实现的需要、尊重的需要、社交和爱的需要、安全的需要，最后是生存的需要。他认为，人的需要是多种多样的，并且是有层次的，在不同阶段有不同的需要，在较低层次的需要得到满足后会产生较高层次的需要。若用一种激励方式满足人的所有需要是不可能实现的。黄慧群（2000）也在他的《企业家激励约束与国有企业改革》一书中提出企业家的四类需要，即成就发展需要、权力需要、关系需要，最后才是生存需要。因此，仅依靠一种激励方式难以实现满足所有需求的效果，不同层次的需求所对应的刺激不尽相同，不但要发挥多种激励模式所对应的激励优势，还需要物质激励与精神激励结合、长期激励与短期激励有效结合，使不同的激励模式之间的结合发生“化学反应”，实现满意的效果。因此，为达到最大限度激励高层管理人员努力工作的效果，在设计激励方案时应该把多种方式结合起来进行综合激励。

第二，依据行业的不同背景、企业的不同特点进行高管激励机制的设计，不盲目追求趋同。试图用一种激励模式解决所有企业的问题是不现实的，因为不同企业有着不同的规模，且面临着不同的市场环境、差异的行业特点，每个企业内部都存在符合企业特点的内部治理结构，人员的教育背景、公司的组织结构等都有很大的差别。故不能寄希望于一种激励模式能够解决所有企业的问题。综上所述，公司针对高层管理人员所设计的激励方案要具体问题具体分析，不同企业区别对待，坚决反对“一刀切”。

第三，高层管理人员必须通过其有效的努力才能获得对应的收益。一个公司经营业绩的多少受很多因素影响。在设计高层管理人员的激励问题时，应该充分考虑、衡量其为企业的经营做出的贡献，确定在企业的经营业绩中有多少来自企业高管的努力。当公司绩效出现任何变化时，企业需要判断变化是来自外部经济环境还是由公司高层管理人员的个人行为导致。显而易见，当外部经济环境变得不可预期、影响经营时，会造成企业发展受限，即使经过公司高层管理人员用心经营，公司的业绩也可能无法达到股东的预期，甚至出现亏损；如果企业外部环境很适合企业自身发展，公司的业绩出现良性增长则可能与高管付出努力的多少无关。尤其站在上市公司股东的角度，股票在股市的升降才是他们重点关注的问题，我国的股市尚不成熟，有待完善，股票的市场价格往往很难准确反映股票的真实价值，更不能真正反映公司中高层管理者是否努力及其努力程度。因此，对高层管理人员实施激励不能仅看公司利润的绝对量或股票在股市的表现，更要看高管人员工作的努力程度。

第四，高层管理人员的收益应该与企业的经营业绩挂钩。从风险—收益原则的角度考虑，高层管理人员的收益应该与企业的经营业绩相适应。激励企业高级管理人员的目的在于解决企业的绩效问题，因为企业高层管理者的行为决定着企业的业绩和股东的利润，对于那些所有者自我经营管理、业绩自负盈亏的单人业主制企业不需要激励，而在实行委托—代理经营的现代股份制企业中十分需要对企业的高层管理者也就是企业代理人实行有效激励。高管的管理行为决策是其所获得的收益量的决定因素。当然，这种收益可以是货币物质层面的，也可以是精神层面的。如果高层管理人员的收益与企业的经营业绩不存在相关性，高管激励必然失去其存在的价值和意义。以往，我国企业管理人员的收益不与企业的经营业绩挂钩，导致效益低下。对于经营管理者来说，如果“干好干坏一个样”，就会缺乏工作动力，失去工作激情。可见，在对高管人员激励方案进行最初的设计时，必须坚持使其收益与经营业绩相匹配的基本原则。

第五，高管的激励应该是高管更多地关注企业的可持续发展，充分考虑企业的远期经营业绩的上升。若企业想要有更大的发展，从开始站稳脚跟、初具规模到能成就百年梦想，就应该消除经营中的急功近利现象。因此，在考虑公司的长远发展和长远利益基础上，对公司高层管理人员进行激励设计时，要注意避免公司高层管理人员的短期化行为。

8.1.2 针对高层管理者物质激励对策建议

（1）公司高管人员年度薪酬水平要有提升

在陕西上市公司所选取的样本中，高层管理者平均年度薪酬约为56.75万元，与外企相比较，这是一个相当低的水平。在样本中，高层管理者们薪酬水平较高的数量偏少，对于算出的平均数来说，大部分的企业高层管理者的薪酬水平都是低于平均数的。在国有控股企业中，高管薪酬水平要想大幅度提高有一定的难度，主要是由于计划经济条件下的级别支付方式对其存在较大的影响，两三万元左右的年度薪酬水平较常见。在实证研究结论的基础上可知，薪酬水平是高管最重要的激励因素之一，高管薪酬本质上是对个人的人生价值、社会价值、社会认同的体现。高管薪酬的基础是市场价值规律，否则对激励效果必然产生负面影响，对企业所有者的委托人的长远利益也会产生负面影响。从经济学角度分析，企业高级管理层在人群中属于稀缺的高级人才，是一种资源，高管年度薪酬水平若不能达到预期，必然会造成高管人才需求出现扭曲的现象，甚至造成类似于“劣币驱逐良币”的现象，即在一个缺乏良好秩序和约束体制的人才市场环境下，随着素质较低的“劣质”高级管理者的增多，势必影响高级管理人才市场的健康发展，从而对社会造成危害。以国有企业为例，“权力寻租”的现象会因为过低的高管薪酬而出现，在各利益相关体的利益被损害的同时，企业管理成本也在逐渐增大。

还需注意的是，在高管薪酬分配中要同时兼顾“效率和公平”。其中效率是指高管薪酬与公司的经营绩效挂钩，薪酬具有激励性质；公平是指高管的基本工资，这与公司的绩效无相关性，这是确保个人基本生活和对个人自身价值实现的前提保障。基本工资的作用只是保证人员的安居乐业，而绩效工资才会使人员努力工作、奋发图强，实现激励的效果。当基本生活得到保障时，应充分发挥薪酬的激励性，以高薪酬激励高素质人才在工作中积极进取、不断前进，通过强有力的激励提高公司的绩效。

（2）从本书的统计分析可以看出，对陕西上市公司高管的激励更加注重其长期激励效果

虽然陕西上市公司高管层的薪酬水平在一定程度上起到了激励作用，但所达到的效果仍不理想，平均薪酬处于较低水平，而高管持股比例也不容乐观，亟须改进。参考发达国家的做法，需要对高管人员采取的长期激励，主要是以股票和期权的结构形式，这样可以将高管的利益与企业的长期业绩相联系。基于高管的持股比例大都非常低的情况，结合本书的实证研究结果，笔者建议，在进行股权激励时不要采用持股激励，而要采用股票期权激励。一般情况下，提高高管人员的持股比例方式有两种，一是强制高管从流通市场购买，二是无偿赠予。在当前陕西高管的收入水平整体较低的实际情况下，强制购买不符合现实，最好的方式是无偿赋予高管有限的购股权。对高管而言，以最小的成本使激励作用最大化，股票期权对其而言没有支出成本，或者说支出成本较低。在期权方式下，企业价值成为高管收入组成中的一个重要变量。这种方式对于企业来说，既降低了激励成本，也实现了高管与企业利益的高度一致。但是，依据我国国情，需要正确引导期权的适用性，使这柄“双刃剑”在充分发挥作用的同时将有

害性降至最低。

综上所述，在对高管的激励方面，要注重短期激励与长期激励结合使用，既要考虑物质性激励又要注重非物质性激励，对任何一方不偏倚，两者相互补充，优化激励契约机制，打造高管薪酬激励的长效机制。

（3）重视在激励中的保健因素和激励因素

公司对高管使用不同的激励手段，会出现不同的激励效果。公司高管人员薪酬激励方式由基本薪酬和绩效奖励组成。其中，基本薪酬部分可视为保健要素，而绩效奖励部分可视为激励因素。公司是通过市场评价对其高管人员个人能力做出认定，体现的是行业及社会对高管经营能力的认可度，认可程度表现为企业发放的固定薪酬，也是对其过去工作成绩和业绩的认可。公司以奖励薪酬的形式对其实际经营业绩进行评价，对其发挥能力以后所达到的工作成果进行认定。如果没有基本薪酬，无法在市场机制范围内实现对高管人员的合法雇用，也不能对经营能力进行评价。绩效奖励薪酬是在高管人员履职后一个特殊时段内评价其实际业绩和经营成果的重要手段。基本薪酬产生的激励作用在于，其是满足高级管理层社会认知度的需求的途径，是对自己经营能力的认可。绩效奖励的薪酬方式满足了高管经营成果被客观评价，同时高管从中获取个人回投的需求。因此，两者是在不同时段满足高管不同的需求，不应相互转换、替代，基本薪酬和绩效奖励薪酬缺一不可，单独任意一个都不足以对经营者产生预期的最高水平激励，两种薪酬相辅相成、互为依托才能实现对高管人员产生最大程度的激励。同时，对高管薪酬结构的调整必须注重长期效果，适时调整薪酬结构，特别是长期激励的比重。

（4）设计股票期权计划

基于上市公司高管股东持股比例较低的情况，并考虑如何将物质激励的方式趋向长期激励，可以对上市公司高管实施股票期权激励方式，将代理人和委托人的目标利益统一化，使高管人员主观意愿的行为所产生的结果与股东的利益实现保持一致。对于股票期权计划要设计得当，否则会产生反向后果，不仅没有达到股东所期望的结果，还会使此项计划成为高管们获取暴利的手段，使高管决策更偏重于短期行为。因此，首先，我们应该深刻地认识到，实行股票期权制度的最终目的是激励高管人员尽心尽力、全心全意为企业服务，使价值增长实现最大化。高管人员整体业绩越好，企业的利润才能越高，股东的利益也就越大。其次，众所周知，公司的股票价格是由公司的长期盈利能力决定的，高管持有股票成为企业对高管的一种激励约束，在这种激励约束下，将对高管的激励与企业的长期盈利能力捆绑挂钩，可实现对企业绩效的促进。此外，在考虑对高管约束力的同时，也要适当考虑股票期权对高管的吸引力。当前市场经济下，企业竞争的关键是人才的竞争，高管作为企业的核心、关键人才，是企业成功的关键，是企业绩效水平提升的保证，当股票期权的潜在利益提高时，对于高管人员来说，跳槽成本也会逐渐提高，跳槽需要慎重考虑，这对于能留住高管人员有重要的影响。

8.1.3　针对高管非物质激励对策建议

（1）从高管成就激励方面考虑，建立经营者的“信誉”等级评价系统

能够成为上市公司的高级管理人员，既需要能力，还需要有魄力，同时要具备较强的自尊心，与获得金钱等物质方面的满足相比，他们更加注重社会地位、行业荣誉等精神层次的享受。在高管眼中，有吸引力的激励不仅是货币等物质性的，也是他们自身价值的体现，更是社会地位与荣誉的象征。所以，与颇具诱惑力的高薪相比，他们更中意这份高薪所承载的“掌声、灯光、万众瞩目”等荣誉。

因此，企业高管良好的“信誉”是长期、动态、反复博弈的结果，企业应当充分利用“信誉”进行激励。从长远效果来看，“信誉”刺激对于经营者而言既是动力更是压力，既是鼓励也是鞭策。高管市场既有竞争，也有风险，在当前委托—代理关系下的现代企业，高管人员过去的经营业绩的情况会影响当前市场价值，即“信誉”高低是决定市场价值的基础。因此，从长期来看，高管为了保持其市场价值，就必须对自己的行为负责，他们具备主观能动性，即便在没有物质激励机制的督促下也能积极工

作。所以，企业在制定高管评价体系时，应定期在内部对高管“信誉”进行评级，分别针对企业业绩和员工的满意度进行评价，判定其“信誉”所在的不同等级。企业可根据自身的具体情况，选择指标进行评价。

在高管评价系统中，“信誉”等级反映了高管的工作能力和个人价值，会主动激发其工作积极性，并不断向提高自我目标、实现更大的自身价值发展。当然，为了实现更好的激励效果，当高管在其岗位连续多年都获得较高成就时，应当给予以货币为主的物质奖励，双重激励效果更佳。

（2）从高管成长激励方面考虑，剩余控制权的合理配置

现代企业理论中指出，在契约外，属于物质激励范畴的剩余索取权和属于非物质激励范畴的剩余控制权都具有激励效果。在实践过程中，为达到更好的激励效果和约束作用，可以考虑充分利用剩余控制权的可配置模式。

拥有足够的控制权对于高级管理人员来说，其一，表示企业给予其充分的信任和认可，他们作为领导者的权力欲望能够得到充分满足，在给予肯定的同时也给他们增添了一副重担；其二，给予高级管理者充足的空间，让他们不受繁文缛节的束缚，有较大的发挥余地，可以在经营中大展拳脚。

企业所在时期不同，其经营理念也应配合不同的策略。对高管的激励应依据不同配置模式的控制权进行相应的调整而达到不同的市场效果。例如，对于早期创业时段的企业而言，人数少、动力足，这时特别需要有独树一帜的经营风格、敢于突破进取、具备冒险但不盲目精神的高管，经营策略应偏重于风险型，此时赋予高管足够的控制权可以让他们通过大刀阔斧的管理方式，将自己的经营理念贯穿企业日常管理及运行之中，使企业具有快速的行动力和反应力。相比较而言，守业时期的企业，一般都已颇具规模，人员储备充足，人事结构复杂，独断专行、缺乏人性化管理的领导风格往往不再适合。因此，经营策略应偏重于稳定型，可以考虑将剩余控制权逐渐分散化，被转化的控制权可适当放权至下级，使企业内部管理向民主化转变。这种剩余控制权分散化可能会将高管置于一个尴尬的位

置，但这并不是“过河拆桥”，而是将控制权转化成其他权益，以股票、期权或福利等形式实现。

(3) 从高管工作环境激励方面考虑，建立以阶梯任务为导向的团队竞争工作模式，营造轻松、自由、团结的企业氛围

大多数企业往往注重强调内部人与人之间的竞争，对团队与团队之间的内部竞争强调较少，而现代企业工作的方式都是以团队的方式进行的。本书提出了一种工作模式——以阶梯递进式任务为导向的团队竞争。阶梯递进式的任务具有间歇性、时效性和递增性，企业可以根据自身的管理运行特征，将传统的任务类型模式设计成具备阶梯性的任务类型模式。由于大多数企业都是围绕具体项目进行生产运作的，因此在制订项目运行计划之前，可以将某个大项目划分成具有阶梯性的多个小项目，分配给各个团队分段完成。在各团队小组工作过程中，可以通过“夺标”的方式或举办“联谊赛”等低强度竞争形式，引导团队成员间开展良性正向竞争。必须注意预防不良竞争思想蔓延或传播，使团队成员之间在友谊与进取的氛围中互相督促、良性发展。这样在促进高管的工作潜能，提高工作效率的同时，也使企业的运转更加流畅，既能促进团队之间竞争，又弱化了高管作为个体进行攀比的心理过程，加强了高管之间及与下级间的相互协助与监督，也强调了团队内部的配合和集体荣誉感，有效地防止了“搭便车”现象的发生。

办公环境的整洁舒适、人文环境的高效公平、企业文化的科学先进有利于促进高管积极努力工作，追求进步、自由开放的企业氛围有利于提升员工士气、提高工作绩效。愉快和谐的工作氛围既需要每一个员工的悉心呵护，也需要企业进行正确的引导。管理者需要控制企业内部的整体情绪，定期采取一些特色的团建方式优化工作环境，化解工作压力。在真正的实践过程中，企业可以根据自身的企业文化和实际情况，制定科学合理的释放方式。良好的工作环境会使高管的工作效率有大幅度的提升。

8.2 从技术研发创新投入角度提升企业绩效水平

在当前激烈的市场竞争环境下，每一家企业都应具有创新意识，重视创新研发活动。企业市场占有率的扩大在一定程度上依赖于企业的创新研发活动，同时取得市场竞争力的关键因素也是创新研发。大量文献表明，虽然研发活动具有周期长、风险高以及研发结果不确定性等特点，但从长远来看，促进企业绩效提升的还是研发活动。因此，企业为实现长久、高远的目标，需要重视技术创新的地位并加大对创新研发的投入，不断开展技术创新活动。根据本书第 7 章实证分析得出的结论，企业通过技术创新投入可以增加企业绩效水平，企业高管物质激励与非物质激励可以正向影响企业技术创新投入水平，对技术创新投入和企业绩效有正向调节作用。本部分将对如何从技术研发创新投入角度加强企业绩效水平方面提出对策建议。

8.2.1 从政策的角度加大对企业技术创新投入的扶持力度

（1）实施积极的降费减税措施，给予研发投入以特殊优惠

政府可以考虑通过财政、融资、税收等优惠给予中小企业技术创新的扶持。当前各国采取的税收优惠措施主要有：首先，中小企业可以获得特殊优待项目，如降低营业税、增值税、企业所得税、利润税等直接税的税率；其次，提高中小企业固定资产折旧率、减免中小企业产品与服务的出口税额；最后，提高营业税、所得税等征收起点。自 2001 年起，美国对进口的先进技术和机械设备等降低或免除关税，同时开始实施研究领域的永久税费优惠。以美国和英国为例，美国政府规定，企业科研投入超过前 3 个征税年的平均研发投资量部分，可享受 25% 的税收减免，企业用于高技术研究开发的投资可连续 3 年享受 30% 的减税。英国政府在《企业扩展计划法》中规定，企业研发的收益性支出，可从税前营业收入中扣除；技术开发的资本性支出，允许全部在税前扣除。为了促进中小企业采用新工艺、新技术、生产新产品的积极性，若年研发投入超过 5 万英镑，可以实

行研发投入 150% 的税前抵扣。因此，若企业已经建立创新研发中心或准备建立技术创新研发中心，政府在财政、政策及税收等方面应该给予一定政策倾斜，在资金和技术层面要给予一定的支持和指导。

（2）增加政府在技术创新投入上的财政支持

当前经常存在的一种情况，即政府公共财政技术创新投资缺少有效的支持商业化导向的研究或导向性不强。与发达国家的企业相比较，陕西省企业对技术创新投入支持较低。基于本书研究结论，笔者认为，陕西省政府用于技术创新投入的数额要保持逐年增加，发挥政府财政投入的种子效应，可以借鉴发达国家政府部门扶持企业创新的经验，政府可以在税收方面实施优惠政策、加大财政投入，在金融方面实施政策支持等来扶持企业创新发展。在以上政策中，较为直接的扶持方式是政府的财政投入，包括政府直接的资金支持、贷款贴息、财政担保、创新基金等方式。例如，美国政府扶持创新工作的形式主要是较大规模地投入企业的研发活动。美国政府通常是以签署商业合同的模式为企业提供研究经费，并且积极引导企业自身以及民间资本加大研发投入比例。通过一组数据统计来看，在 1953—2001 年，美国政府对企业研发投入增长了将近 60 倍，政府投入明显起到“倍增”效应。又如，法国政府对 500 人以下的企业建立“研究人员聘用补贴”制度，对中小企业实行“技术咨询补贴”制度。再如，德国政府为企业创新活动提供信贷支持或工资补贴，提供的中长期信贷支持最高可达总投资的 60%，同时对企业聘用研发人员直接给予工资补贴。

（3）改善企业融资环境，加强人才引进与培养

企业技术创新投入可以依靠政府所提供的积极的相关融资政策，使企业能从金融机构和资本市场上筹集到用于技术创新的费用。目前，资本市场不断规范，企业筹集资可以通过股票发行、借贷、债券等多种方式实现。另外，企业的技术创新不能离开人才，可以从政府的角度帮助企业加强对技术带头人和技术创新管理类人才的引进力度和培养力度，对那些贡献突出的人才要加大奖励的力度。积极吸引各类人才到国内创业，扩大人才队伍，如吸引海外留学人员、外籍专家、其他从事技术研发的高层次人

才，为他们提供宽松的创业环境，积极鼓励这些人才直接到企业从事相关技术以及研究开发工作，对于有科研条件和需求的企业，鼓励并配合其建立博士后流动站，建立企业的技术研发团队，稳定人才队伍。

（4）完善企业技术创新的法律体系，创立完善的法治环境

对企业技术创新来说，健全的法制政策和良好的法治环境都是至关重要的，而且，在吸引外资和引进技术时，对知识产权的保护才可以为本土企业提供制度化的保障。导致知识产权保护的相关制度不完善的主要原因在于，企业对知识产权的认知不足、知识产权意识薄弱。发达国家法律体系较为完善，例如，美国政府对技术创新的各个必要环节和所涉及的各种问题，均有明确而具体的法律条文及规定，通过法律法规来统一裁决创新过程中关于知识产权、收益分配、产品让渡等的相关事宜，在支持企业的技术创新上有很大的帮助。又如，专门促进国内科学技术转化，扩大和加强科研机构与产业界之间技术转让的《联邦技术转移法》《技术扩散法》，针对中小企业专门出台了《中小企业技术创新发展法》等。在日本，一系列法律法规如《研究促进法》《科学技术基本法》《中小企业现代化促进法》《产业技术振兴法》等早已于20世纪70年代先后出台，为提升日本企业自主创新能力提供了法律保障。因此，我们作为技术成果的所有者及使用者，在进行自身技术创新成果转化及在申请专利权和商标权时要把握先机，一旦发现侵权行为，要运用法律武器来维护合法权益。对技术创新或研发成果所有者的产权的保护意识要提高，通过法律的保障，使技术创新的研究人员获得高额的奖励及回报，以激发他们在企业技术创新中的积极性。

（5）协同搭建创新平台，加快技术创新信息网络建设

政府应主导并与企业协同搭建形式多样的创新平台，鼓励、促进更多的高等院校及科研院所与企业合作，在企业技术研发中心建立研发点，与企业间建立形式多样的研发机构，形成优势互补，使高校中的佼佼者投入企业技术创新活动中去。在发达国家，中小企业技术创新活动所必需的公共服务支持都是由政府部门提供，且政府部门较为重视。为了有效实现创

新资源科技的合理配置，需要积极搭建形式多样、能够成果转化的产学研合作平台。此外，企业技术创新所需的信息服务和支持也由政府部门提供。例如：在日本，政府出资为中小企业聘用经验丰富的工程技术人员和高级别技术专家担任顾问，使中小企业的技术开发在专业人员的指导下开展，通过建立技术顾问制度的方式实现对中小企业的技术开发的科学引导；在韩国，为了满足中小企业技术创新所必需的信息情报，韩国政府设立了“中小企业情报银行”，协助企业建立信息情报系统；在欧盟，各国政府积极开展有效的技术开发和技术转移活动，通过技术引进、输出和合作等途径，搭建技术创新服务体系。法国政府常常以召开技术创新研究会的形式，在全国广泛推广各项专业领域的创新活动，例如，依据市场需求选择重点支持领域，开展人员培训、信息交流、技术咨询、成果推广等一系列创新活动。荷兰政府特别注重企业技术创新的支持，提供全方位、多方面的便捷服务，建立国家技术创新网络，该创新网络是由 18 个地区性技术创新中心、信息中心组成的。因此，借鉴国外政府在搭建创新平台中的做法，可以有效地做好平台建设。在当前“互联网 +”“大数据”“信息网络”建设下，应把加快建立技术创新信息网络作为建立企业技术创新体系的切入点，有效获取更快捷、更有效的信息服务，实现全省各地企业及相关科研机构、高等教育机构和中介机构的内部信息互联网，及时在网络上发布难题招标、科技成果和人才供求等信息，实现网络资源互通。

8.2.2　从企业的角度加大对企业技术创新投入

（1）塑造企业的创新文化与创新理念

企业文化是企业需要具备的核心竞争力的关键要素之一，企业要获得可持续发展，应在其企业文化中持续具有创新因素。企业形成的文化是不可复制、不可模仿的，创新文化更是如此。要想在企业文化中形成创新文化，首先要树立正确的创新观念。提高企业进行技术创新能力的前提，就是要引导企业所有人员树立创新观念。企业对技术创新的重要性认识不到位，主要是由于其“不想”“不愿”“不敢”创新所导致。企业的某些管理人员或高级管理人员早已习惯依靠别人的技术过日子，根本不会想去技术创新或技术研发；一些管理者对技术创新投入的收益回报难以衡量和把握，认为技术创新的成本高、回收期较长并有较大的不确定性，在创新方面不愿意过多投资；还有一种情况是，即使某些领导者已经意识到企业技术研发创新的重要性，但由于整个创新链条和创新环境尚未形成，虽然有战略意识，但步履维艰，孤掌难鸣。企业内部要想形成创新文化，建立以企业为主体的创新体系，就要引导企业所有人员树立创新观念，从“要我创新”转变为“我要创新”。要保证企业创新文化有利于技术创新工作的开展，首先，要树立正确观念；其次，企业的技术创新关系到每位员工，企业技术创新活动涉及生产、财务、销售等多个环节和流程，是一项系统工程，各个环节相辅相成，任何一个环节出现问题都可能导致创新的失败。成功的企业在塑造创新文化时，要努力使创新成为一种自然的习惯，企业中每个员工都能够自觉创新，在企业内部形成一种人人创新、时时创新、处处创新的氛围。另外，还需要在企业中塑造创新模型，通过树立典型代表，加强企业创新文化的建设，并在企业中做好创新文化的展示与宣传，加强示范作用。

（2）加强企业技术创新人才建设

技术创新是当前知识经济时代促进经济发展的内核，人才则是技术创新的主要载体和保证。企业技术创新目标的实现，有赖于技术创新人才资源，这就需要逐步建立起技术创新人力资源开发的有效机制，加强技术创新人力资源的开发。

第一，对技术创新人才的培养，企业应建立相应的培养体系。技术创新人才及技术带头人要具备创新意识、创新观念，熟悉技术、懂得管理、善于经营，能够打造高水平的技术创新团队。企业要对创新管理人员、技术创新骨干和技术工人提供在职继续教育或在岗培训，学习国内外优秀的技术或经验，定期或不定期以培训班和出国考察团等形式进行外出学习。

第二，为保证企业技术创新人才的工作积极性，需要建立技术创新人才的有效激励机制。激励机制的形式可以多样化，如在受益权方面，技术创新人才职务发明和非职务发明均可拥有；可以把技术创新的风险同企业整体经营利益挂钩，技术人员以技术创新成果、专利入股的形式参与利益分享，激发技术人员的创新潜力、挖掘技术人员的创新积极性；通过制定具有吸引力的人才激励制度，更好地吸引人才、留住人才。

(3) 加强外部资源利用，寻求技术创新新途径

一定程度上，技术创新的主体是企业，但是单靠企业自行进行技术创新，其力量是薄弱的，主要是由于企业内部资源有限，特别是技术资源、知识资源、人才资源、信息资源，企业依靠自身的资源和力量独立开展技术创新活动将会面临很多难题。第一，若要形成技术赶超的实力，不能将眼界只放在企业内部，需要走出企业，加强协作意识，积极向具有先进技术的国内外同行业企业学习，将其作为标杆并加强与之的技术交流，在技术差距不断缩短的基础上，寻求新的发展契机，获得竞争优势。第二，在加强与社会的技术联系基础上，以一种新的渠道和新的方式进行技术交流协作，使自身整体技术实力和技术创新能力得以增强，同时自身的资源缺陷和技术薄弱环节也得到弥补。企业可以运用多种方式与形式进行交流学习，如可以通过鼓励技术入股并合资经营，在企业内部建立外来技术人员工作站，通过委托开发及协议联合开发的方式，实现成果转让、股份合作项目开发、技术人员交流等促进发展的多种形式加强技术创新实践。在“一带一路”大背景下，应当抓住机遇，充分利用陕西多所高校的教育资源，实行产学研联动及联合创新，提倡“优势互补、利益共享、风险共担”方针，大幅度缩短技术成果转化周期，提高企业技术创新的效率，提高技术成果的转化率，缩短成果转化为绩效奖励的时间。

8.3 小 结

根据本书第 5 章、第 6 章、第 7 章实证分析得出的结论，企业绩效水平的提升可以通过高管物质激励和非物质激励的方式，企业技术创新投入同样可以增加企业绩效水平，企业高管物质激励与非物质激励对企业技术

创新投入水平具有正向影响作用，对技术创新投入和企业绩效具有正向调节作用。本部分从高管两种激励方式、企业加强技术创新投入从而提升企业绩效方面提出对策建议。首先，从高管不同激励方式提升企业绩效水平方面考虑，在高管激励机制设计的原则基础上，针对高管物质激励方面，在保证效率前提下，在基本生活得到保障的情况下，对高素质人才可以用高的薪酬激励方式，提高公司绩效。对高管的激励要注意短期激励与长期激励相结合，既要考虑物质性激励，又要注重非物质性激励的补充作用，对任何一方不能有偏重，要优化激励契约机制，打造高管薪酬激励的长效机制。在高管薪酬结构方面，要注意调整长期激励在薪酬结构中的比重，注重长期激励。对于样本企业中的高管股东持股比例较低的情况，以及如何将物质激励的方式向长期激励转变，可以考虑对上市公司高管实施股票期权激励方式，使委托人和代理人双方在目标利益上能够统一，使高管人员所追求的、由主观行为产生的结果和股东利益高度一致。其次，针对高管非物质激励方面，可以充分考虑“信誉”带给高管的激励效果。在长期动态反复博弈下，高管得以产生良好“信誉”。“信誉”对经营者的刺激既有鼓励也有鞭策，从长远效果来看，既是动力也是压力。领导者拥有足够的控制权，表示组织对他们的信任和对其能力的认可，同时在一定程度上满足他们的权力欲望。控制权的给予一方面给他们充足的空间，发挥余地较多，同时也给他们增加了一份责任和重担。从高管工作环境激励方面考虑，要建立以阶梯任务为导向的团队竞争工作模式，营造轻松、自由、团结的企业氛围。再次，从如何加大技术研发创新投入提升企业绩效水平方面考虑，应加大政府在技术创新投入上的财政支持，实施积极的降费减税措施，给予研发投入以特殊优惠，完善企业技术创新的法律体系，营造完善的法治环境，改善企业融资环境，加强人才引进与培养，搭建协同创新平台，加快技术创新信息网络建设。最后，企业自身要有创新意识，在塑造创新文化与创新理念上要不断努力，注重培养企业技术创新队伍，并在充分利用外部资源基础上，寻求技术创新新途径。

第9章 研究成果及进一步研究方向

9.1 主要研究成果

本书在“一带一路”背景下，对国内外相关文献进行研究，在充分认识企业高管人员是企业的核心资源基础上，以创新理论、企业契约理论、交易费用理论、委托—代理理论、人力资本理论以及管家理论、期望理论为理论依据，以沪深A股中陕西上市公司中制造业为研究对象，通过统计学分析，探索上市公司高管激励、企业技术创新投入与企业绩效之间的相关性及其对企业绩效的影响，针对上市公司企业高管物质激励与非物质激励对企业绩效的影响、高管物质激励与非物质激励对企业创新研发投入的影响、企业技术创新的影响及对企业绩效的影响、高管物质激励与非物质激励对技术创新投入和企业绩效的调节效应进行了分析和研究，主要研究成果如下：

（1）应用SPSS 22.0统计软件和上市公司年报数据，在大量阅读文献的基础上，选取恰当的财务指标对样本企业进行综合绩效评价。使用因子分析法确定出三个公因子，分别为企业成长及盈利能力、偿债及投资能力、经营能力。用陕西上市公司高管物质激励中的年度薪酬与企业绩效及其三种能力进行相关性分析，探寻陕西上市公司高管物质激励的效果。结果显示：高管年度薪酬与企业绩效、企业偿债及投资能力、企业经营能力关系显著；高管年度薪酬与成长及盈利能力关系不显著。这说明陕西上市公司可以从高管物质激励角度着手提高企业绩效，并提出相关对策。

（2）在对非物质激励效用分析的基础上，本书对高级管理人员的非物质激励效应定义为：上市公司高级管理人员对非物质激励目标的满意程度将体现在公司绩效上。用研究样本企业的高管个人满意度测度非物质激励，在理论分析与理论假设的基础上，通过实证数据对本书假设进行验证，得出以下结论：非物质激励中的成就激励越强，高管个人满意度越高；非物质激励中的成长激励越强，高管个人满意度越高；非物质激励中的工作环境激励越强，高管个人满意度越高。因此，高管有较高的满意度，可以通过其行为影响企业绩效。

（3）本书第 5 章、第 6 章通过实证分析验证了高管物质激励、非物质激励对企业绩效的影响，即其能够促进企业绩效的提升。第 7 章研究表明，高管物质激励、非物质激励正向调节技术创新投入总量与企业绩效值的相关性。高管薪酬激励对技术创新投入与企业绩效的关系具有正向调节作用。高级管理层对物质激励所产生的激励效果较为明显，高管个人利益与企业利益充分挂钩，在当前的市场环境下，由于高管较为重视企业技术创新对绩效的正向作用，加大了研发投入力度，对企业创新投入的具体实施效果产生了积极作用，并对企业绩效产生了较为有利的影响。从提升企业绩效水平的角度考虑，对上市公司高管的激励应该采用激励组合的形式，即物质激励和非物质激励的组合。单一的物质激励已经不能满足高管的激励需求，每种激励方式都有不同的侧重，从激励的长期性与节约企业成本的角度来说，非物质激励是不可或缺的。在此基础上，结合本书的论证与理论推演、模型分析法得出的结论、实证统计以及检验结果，分别对上市公司高级管理人员的两种激励方式提出对策、建议。

（4）本书第 7 章的实证结果也验证了企业技术创新投入总量与企业绩效的关系。企业技术创新投入与企业绩效之间具有正相关关系，企业加大技术创新投入可以提升企业绩效水平。只有使自身的技术研发创新能力不断加强，才能在市场上更具备竞争力，而进行技术研发创新首先需要企业能够积极开展研发活动，依靠研发投入使企业实现创新的目的并获得可持续发展。新产品、新技术在不断进行的研发活动中涌现，在促进企业绩效提升的同时，也能使企业更具竞争力。技术创新投入对企业绩效的促进作用在前文第 7 章中通过实证分析已证明。分别从政府和企业自身角度提出相关建议。政府应努力为企业搭建研发、技术创新的平台，给予财政支持，营造健康的创新金融、法治环境，做好人才引进，建立信息化网络建设。企业要在组织内部积极塑造创新理念与创新文化，做好企业内技术科研创新人才队伍建设，在充分利用外部资源的基础上，通过产学研、对外技术交流等多种形式，寻求技术创新新途径。

9.2 研究的局限性

本书力图从理论与实证两个方面探讨高级管理层激励、技术创新投入对企业绩效的影响。本书在理论层面和实践层面具有一定的研究意义，但在全面性和深入性方面仍有一定欠缺。由于数据收集、个人能力及研究视角选择等多方面原因，使研究存在一定的局限性，主要表现在：

（1）本书对于高管激励的分类主要基于激励组合，即物质激励和非物质激励对陕西上市公司高管激励问题的研究，由于篇幅和重要性的考虑，对物质激励和非物质激励中要素的选取及说明缺乏深层次的分析及验证。

（2）本书对上市公司高管的物质激励的实证研究是以陕西上市公司中制造业为样本，样本数量在选择上有一定的局限性。这是因为存在实证难度较大、时间上安排紧张的情况，没能按照原计划选取更大的样本量，对进一步进行统计分析有一定的影响。

（3）本书主要是以陕西上市公司作为研究样本，而大多数陕西上市公司处于企业周期的初级阶段，公司治理机制不够健全，公司运作还不规范。由于上市公司对技术创新活动的信息披露不充分，企业获得技术创新投入的会计信息受到一定限制，对本书的论证产生了一定程度的影响。另外，本书因外部环境的影响存在一定的局限性，因为上市公司发展的外部市场环境的某些方面仍带有计划经济烙印。本书的研究具有本省特色、地域特殊性，所以，对于我国其他省份及其他地区企业而言，不能直接套用，但可以起到参考和借鉴的作用。

（4）由于时间限制，本书未能对所有的样本公司进行长时间的纵向跟踪观察，模型在指标的选取上涉及的被解释变量指标和控制变量指标有限，对研究结论的准确性有些许影响。同时，由于样本“噪声”的存在，数据处理不是特别精确。

9.3 有待进一步研究的问题

（1）在不考虑其他约束条件的情况下，上市公司高管人员的物质激励和非物质激励在不同的企业背景、政策环境中将发生怎样变化；若将上市公司按照行业分类进行研究，和企业绩效存在什么样的关系，应该采取什么样的高管人员激励方式。

（2）如何将本书探索得到的高管人员物质激励和非物质激励中的定量分析方法推广，使其成为其他地区激励情况的测量工具。

（3）还可以去除时间因素的限制，为验证激励模式的有效性，对具有一定代表性的企业进行长时间的纵向跟踪观察，进行个案研究，高管人员激励模式的变化对绩效的影响方式的改变及影响程度的大小等方面进一步研究。对上市公司财务报告披露和技术创新投入财务披露方面，随着我国相关法律法规的制定逐步完善，可以选取多个行业作为研究样本进行比较分析，也可以收集更多的样本进行更严谨的分析，使研究结论更加准确、更具有针对性。

（4）由于研究的时间和条件的限制，加之我国公司治理理论与实践改革的步伐不断加快，如何紧抓时代脉搏，突破仅对上市公司高管激励问题研究的局限性，对新兴激励手段及其效果的深入研究等方面应不断更新并完善。

（5）影响技术创新投入与企业绩效的因素有很多，如企业所处的大经济背景、行业，以及企业的不同发展阶段、企业规模、资产结构、所有权结构及公司管理模式等，包括从微观到宏观，从内部到外部等若干因素。在今后的研究中，需要综合考虑上述诸多因素融合后对企业绩效的影响，使研究结论更加细化、更加严谨。

9.4 小　结

本书以探寻上市公司高管物质激励与非物质激励、企业技术创新投入与企业绩效的关系及其对企业绩效的影响为目的，针对上市公司企业高管物质激励与非物质激励对企业绩效的影响、高管激励对企业创新研发投入的影响、企业技术创新对企业绩效的影响、高管激励对技术创新投入和企业绩效的调节效应进行了分析和研究。本章首先对所做的研究结论进行了总结与概括。其次，阐述了本书存在的局限性：虽然本书在理论层面和实践层面具有一定的研究意义，但是本书的研究仍缺乏全面性和深入性，这是由于数据收集、研究视角等方面的原因。最后，对有待进一步研究的问题进行展望与阐述。

参考文献

[1]李垣,张完定. 管理者激励组合的理论探讨[J]. 管理工程学报,2002(3):26-30.

[2]贺家铁. 上市公司高级管理层激励组合研究[D]. 长沙:湖南大学,2006:1.

[3]贺家铁. 上市公司高级管理层激励组合研究[D]. 长沙:湖南大学,2006:3.

[4]魏立群,王智慧. 我国上市公司高管特征与企业绩效的实证研究[J]. 南开管理评论,2002(4):16-22.

[5]孙海法,伍晓奕. 企业高层管理团队研究的进展[J]. 管理科学学报,2003,6(4):82-89.

[6]Ancona D. G. ,Nadler D A. Top hats and executive tales:Designing the senior team[J]. Sloan Management Reviews,1989,31(1):19-28.

[7]周奋进. 国企经营者精神激励机制研究[J]. 浙江学刊,2000(1):50-54.

[8] 张涛. 委托—代理理论与国企激励机制研究[J]. 山东财政学院学报,2000(4):20-24.

[9]郑丽勇,闵学勤. 寻求最佳的激励组合——激励组合模型及策略分析[J]. 中国人力资源开发,2001(4):54-56.

[10]武冰,李倩. 经营者激励组合问题研究[J]. 沈阳工业大学学报,2003,25(2):158-160.

[11]杨晓嘉,朱治龙,周青. 上市公司独立董事激励组合模型研究[J]. 求

索,2004(11):46－48.

[12]司强,张志红,曹振杰. 核心人力资本激励机制研究[J]. 山东经济战略研究,2003(8):42－44.

[13]张亚双. 转轨经济中的管理层激励机制研究[J]. 南开管理评论,2001(1):30－31.

[14]王秋令,陈兆坤. 科技型企业高层管理人员的激励与约束[J]. 辽宁省交通高等专科学校学报,2003,5(1):59－60.

[15]张勇. 经理长期与短期报酬优化组合激励的探讨[J]. 管理工程学报,2004, 18(3):125－127.

[16]张娟. 我国上市公司高管薪酬影响因素的实证研究[D]. 济南:山东大学,2008.

[17]伍晋明,殷琳琳. 高管激励[M]. 北京:中国劳动社会保障出版社,2008.

[18]多志亮. 高管激励[J]. 政工学刊,2006(11):30－31.

[19]黄群慧. 企业家激励约束与国有企业改革[M]. 北京:中国人民大学出版社,2000.

[20]R. H. Coase. The nature of the firm[J]. Economic,Nov,1937:256－285.

[21]科斯. 企业、市场与法律[M]. 上海:格致出版社,1990.

[22]范黎波,李自杰. 企业理论与公司治理[M]. 北京:对外经济贸易大学出版社,2001.

[23]陈郁. 企业制度与市场组织——交易费用经济学文选[M]. 上海:上海人民出版社,1996.

[24]张维迎. 企业的企业家——契约理论[M]. 上海:上海人民出版社,1995.

[25]程国平. 经营者激励理论、方案与机制[M]. 北京:经济管理出版社,2002.

[26]Williamson O. E. The economic institution of capitalism[M]. New York: Free Press,1985.

[27]张维迎. 所有制、治理结构及委托—代理关系[J]. 经济研究,1996

(6):3 - 15.

[28]朱治龙. 上市公司绩效评价与经营者激励问题研究[D]. 长沙:湖南大学,2004.

[29]Alchian A. A. ,Demsetz H. Production information cost and economic organization[J]. American Economic Review,1970:600 - 610.

[30]Jensen M. ,W. Meckling. The theory of the firm: Managerial behavior agency costs and ownership structure[J]. Journal of Financial Economics,October 1976,(3):305 - 360.

[31]Fama E. F. ,Jensen M C. Separation of ownership and control[J]. Journal of Law and Economics,1983,(26):301 - 325.

[32]Fama E. F. ,Jensen M C. Agency problems and residual claims[J]. Journal of law and Economics,1983,b(26):327 - 349.

[33]Wilson R. The structure of incentives for decentralization under uncertainty[J]. La Decision,1969:171.

[34]Ross S. The economic theory of agency,the principal's problem[J]. The American Economic Review,1973(63):134 - 139.

[35]Mirrlees J. Note on welfare economics information and uncertainty in balch,mcFadden,and Wu,(eds.),essays on economic behavior under uncertainty[D]. Amsterdam:North Holland,1974.

[36]Holmstrom B. Moral hazard and observability[J]. Bell Journal of Economics,1979(10):74 - 91.

[37]李维安,武立东. 公司治理教程[M]. 上海:上海人民出版社,2002:57 - 68.

[38]Schultz T. W. Investment in human capital[J]. The American Economic Review,1961,51(1):1 - 17.

[39]西奥多·W. 舒尔茨. 论人力资本投资(中译本)[M]. 北京:经济学院出版社,1990:247 - 276.

[40]加里·S. 贝克尔. 人力资本[M]. 北京:北京大学出版社,1987:67 - 90.

[41]Becker. Cary. Investment in human capital:A theoretical analysis[J]. The

Journal of Political Economy,1962,70(2):9 –49.

[42]周其仁. 市场中的企业:一个人力资本与非人力资本的特别合约[J]. 经济研究,1996(6):71 –79.

[43]Herzberg F. I, Worker's needs:The same around the world[J]. Industry Week,September 21,1987:29 –32.

[44]丙明杰. 现代企业持续发展理论与策略[M]. 北京:清华大学出版社,2004.

[45]黄荣文. 国企经营者的激励问题及其激励报酬机制研究[J]. 经济师,2000(8):16 –18.

[46]王承先. 企业员工激励技术[M]. 广州:广东经济出版社,2002:4 –8.

[47]郑国铎. 企业激励论[M]. 北京:经济管理出版社,2002:13 –26.

[48]亚历山大·希亚姆. 激励员工——鼓舞士气之道[M]. 上海:上海世纪出版集团,2002:95.

[49]V. H. Vroom. Work and motivation[M]. New York:John Wiley and Sons,1964.

[50]Boyd,B. CEO duality and firm performance:A contingent model[J]. Strategic Management Journal,1995(16):301 –312.

[51]韩庆祥. 能力本位[M]. 北京:中国发展出版社,1999:115 –124.

[52]俞克纯,沈迎选. 激励、活力、凝聚——行为科学的激励理论[M]. 北京:中国经济科学出版社,1988:77 –78.

[53]Lazear E. P. ,Rosen S. Rank –order tournaments as optimum labor contracts [J]. Journal of Political Economy,1981(89):841 –864.

[54] Kostiuk P. Firm size and managerial compensation[J]. Journal of Human Resources,1990,25(1):90 –105.

[55]Baumol W. Business behavior,value and growth[M]. Harcourt,Brace and World,1967:88 –93.

[56]Lewellen W. ,Huntsman B. Managerial pay and corporate performance[J]. American Economic Review,1970,60(4):710 –720.

[57]Jensen M. , Meckling W. Performance pay and top –management incen-

tives[J]. Journal of Political Economy, 1990, 98(2):225-264.

[58]Li J. TMT compensation, diversification and incentives[J]. Journal of Financial Economics, 2002, 66(1):29-63.

[59] Coughlan A. T., Schmidt R C. Executive compensation, management turnover, and firm performance[J]. Journal of Accounting and Economics, 1985, (7): 43-66.

[60] Brian J. hall, Jeffrey B., Libman. Are TMTs really paid like bureaucrats? [J]. The Quarterly Journal of Economics, 1998, 8:653-691.

[61] Over J., Gaver K., Austin J. Additional evidence on bonus plans and income management[J]. Journal of Accounting Economics, 1995, 19(1):328.

[62] Core john, E. Robert, W. Holthausen, David F. larcker. Corporate governance, chief executive officer compensation and firm performance[J]. Journal of Financial Economics, 1998:152-185.

[63] Banker R., Datar S. Sensitivity, precision and linear aggregation of accounting signals[J]. Journal of Accounting Research, 1989:56-89.

[64] Grinstein, Yaniv, Hriba, et al. TMT compensation and incentives: Evidence from M&A bonuses[J]. Journal of Financial Economics, 2004, 73(1):119-143.

[65] 杨瑞龙. 国有企业股份制改造的理论思考[J]. 经济研究, 1995(2): 13-22.

[66] 魏刚. 高级管理层激励与上市公司经营绩效[J]. 经济研究, 2000(3):5.

[67] 李增泉. 激励机制与企业绩效:一项基于上市公司的实证研究[J]. 会计研究, 2000(1):3-6.

[68] 娄芳. 国外独立董事制度的研究现状[J]. 外国经济与管理, 2001(12):24-29.

[69] 谭劲松. 独立董事“独立性”研究[J]. 中国工业经济, 2003(10):64-73.

[70] Anish Shah, Shyam Sunder, 李建标. 董事激励与公司业绩——实验的证据[J]. 南开管理评论, 2004, 7(4):4-14.

[71] 黄再胜. 独立董事独立性、关联激励与行为均衡[J]. 当代经济科学,2004,26(3):48 -54.

[72] 孙泽蕤,朱晓妹. 上市公司独立董事薪酬制度的理论研究及现状分析[J]. 南开管理评论,2005,8(1):21 -29.

[73] Fama E. Agency problem and the theory of the firm[J]. Journal of Political Economy,1980,88(2):288 -307.

[74] Jensen M.,Meckling W. Theory of the firm:Managerial behavior agency costs and ownership structure[J]. Journal of Financial Economics,1976(3):305 -360.

[75] 李垣,孙恺. 企业家激励机制对分配性行为的治理分析[J]. 管理科学学报,2000(3):33 -38.

[76] 杨瑞龙,刘江. 经理报酬、企业绩效与股权结构实证研究[J]. 江苏行政学院学报,2002(1):37 -40.

[77] 陈志广. 高级管理人员报酬的实证研究[J]. 当代经济科学,2002(5):23 -25.

[78] 王敏,姜振萍. 上市公司绩效评价指标体系的建立[J]. 科技创业月刊,2007(3):40 -45.

[79] 姚正海. 上市公司绩效评价体系及绩效提升路径浅探[J]. 财会月刊,2007(10):9 -10.

[80] 蒋永. 中国上市公司高管薪酬与企业绩效的实证研究[D]. 重庆:西南大学,2007.

[81] 冯·哈耶克. 哈耶克论文集[M]. 北京:首都经济贸易大学出版社,2001:171 -183.

[82] 约翰·罗尔斯. 正义论[M]. 北京:中国社会科学出版社,2005:49 -51.

[83] 李平. 关于公司治理几个问题的思考[J]. 湖南大学学报,2002,16(5):44 -47.

[84] Churchill Jr. A.,Gilbert. A paradigm for developing better measures of marketing constructs[J]. Journal of Marketing Research,1979:64 -73.

[85] 李怀祖．管理研究方法论(第二版)[M]．西安:西安交通大学出版社,2004:58－74.

[86] Anderson J. C., Gerbing D. W. Structural equation modeling in practice: A review and recommended two－step approach [J]. Psychological Bulletin,1988: 411－423.

[87] 熊艳,梁莱歆．管理层持股与企业技术创新选择——基于环境调节的效应[J]．软科学, 2009(7):72－75.

[88] 王燕妮．高管激励对研发投入的影响研究 ——基于我国制造业上市公司的实证检验[J]．科学学与科学技术管理, 2011(7):1071－1078.

[89] 张宗益,张湄．关于高新技术企业公司治理与 R&D 投资行为的实证研究[J]．科学学与科学技术管理, 2007(5):23－26.

[90] 张业韬,王成军,刘渐和．高管持股对企业创新投入的影响研究——来自创业板上市公司的经验证据[J]．财会通讯, 2012(1):132－136.

[91] 徐敏,王静华．基于股权结构的 R&D 投入与企业绩效关系的调节效应研究[D]．中国会计学会高等工科院校分会第十九届学术年会论文集. 南京:南京工业大学出版社, 2012:180－187.

[92] 刘伟,刘星．高管持股对企业 R&D 支出的影响研究:来自 2002—2004 年 A 股上市公司的经验证据[J]．科学学与科学技术管理,2007(10): 172－175.

[93] 高蓓,王新红．我国高新企业高管持股与 R&D 投入相关性研究[J]．会计之友, 2010(1):87－89.

[94] 汤业国,徐向艺. 中小上市公司股权激励与技术创新投入的关联性——不同终极产权性质的实证研究[J]. 财贸研究,2012(2):127－133.

[95] 王文华,张卓,季小立. 高管持股与研发投资:利益趋同效应还是管理防御效应?——基于高新技术上市公司的实证研究[J]．研究与发展管理,2014(4):23－31.

[96] 陈修德,梁彤缨,雷鹏. 高管薪酬激励对企业研发效率的影响效应研究[J]．科研管理,2015(9):26－35.

[97] Bulan L., Sanyal P. Incentivizing managers to build innovative firms[J].

Annals of Finance,2011,7(2): 267 -283.

[98] 张宗益,张湄.关于高新技术企业公司治理与R&D投资行为的实证研究[J].科学学与科学技术管理,2007(5):23 -26.

[99] 陈丽霖,冯星昱. 基于IT行业的治理结构、R&D投入与企业绩效关系研究[J]. 研究与发展管理,2015,27(3):45 -56.

[100] 苗淑娟,夏朦,孟庆顺.高管激励对研发投入影响研究——终极控制权的调节作用[J]. 工业技术经济,2018,37(1):41 -48.

[101] 程宏伟,张永海,常勇.公司R&D投入与业绩相关性的实证研究[J].科学管理研究,2006(6):110 -113.

[102] 陆国庆.中国中小板上市公司产业创新的绩效研究[J]. 经济研究,2011,46(2):138 -148.

[103] 胡保亮.商业模式创新、技术创新与企业绩效关系:基于创业板上市企业的实证研究[J]. 科技进步与对策,2012,29(3):95 -100.

[104] Gou B., Wang Q. Z., Shou Y. Firm size, R&D, and performance: An empirical analysis on software industry in China[C]. International Engineering Management Conference. IEEE, Singapore,2004.

[105] 郭斌.规模、研发与绩效:对我国软件产业的实证分析[J]. 科研管理,2006(1):31 -35.

[106] Lin B., Lee Y., Hung S. R&D Intensity and commercialization orientation effects on financial performance[J]. Joumal of Business Research,2006,59(6): 679 -685.

[107] Hall B. H., Oriani. Does the market value R&D investment by europe firms? Evidence from a panel of manufacturing firms in france, germany and Italy[J]. International Journal of Industrial Organization,2006(24):971 -993.

[108] Zhanc Q., Chen L., Feng T. Mediation or moderation? the role of R&D investment in the relationship between corporate governance and firm performance: Empirical evidence from the Chinese IT industry[J]. 2014,22(6):501 -517.

[109] Chung K. H., Shen C. H. Corporate governance and market reactions to capital and R&D investment decisions[R]. Working Paper,2009.

[110] 马文聪,侯羽,朱桂龙．研发投入和人员激励对创新绩效的影响机制——基于新兴产业和传统产业的比较研究[J]．科学学与科学技术管理,2013,34(3):58－68.

[111] 张显武，魏纪泳．高管薪酬结构与技术创新投入关系的实证研究——以中小企业板上市公司为例[J]．技术经济，2011(6):11－14.

[112] 杜剑,周鑫，曾山．创业板上市公司股权激励机制对 R&D 的影响分析[J].会计之友，2012(11):94－95.

[113] 汤业国,徐向艺．中小上市公司股权激励与技术创新投入的关联性——不同终极产权性质的实证研究[J]．财贸研究，2012(2):127－133.

[114] 徐宁，吴创．高管激励契约、技术创新动力与路径选择——来自民营中小上市公司的经验证据[J]．科技进步与对策，2015(2):71－76.

[115] Belloc F. Corporate governance and innovation: A survey [J]. Journal of Economic Surveys, 2011(1):1－37.

[116] 陈东华,梁上坤,蒋德权．不同市场化进程下高管激励契约的成本与选择：货币薪酬与在职消费[J]．会计研究，2010(11):56－64.

[117] 孙世敏,王昂,贾剑峰．基于价值创造和动态基础薪酬的经营者激励机制研究[J]．中国管理科学，2011(5):153－159.

[118] 徐宁,徐向艺．技术创新导向的高管激励整合效应 ——基于高科技上市公司的实证研究[J]．科研管理，2013(9):46－53.

[119] 李新春，苏琦，董文卓．公司治理与企业家精神[J]．经济研究，2006(2):57－68.

[120] Conyon Martin J. ,Simon I. Perk. Board control remuneration committees, and top management compensation [J]. The Academy of Management Journal, 1998, 41(2):146－157.

[121] 袁建昌．高新技术企业科技型人力资本增值机理研究[D]．长春：吉林大学，2008.

[122] 张维迎．产权、激励与公司治理[M]．北京：经济科学出版社，2005.

[123] 宋晶，孟德芳．国有企业高管薪酬制度改革路经研究[J]．管理世界，2012(2):181－182.

索　引

附　录　问卷调查表

公司名称：

尊敬的先生、女士：

您好！首先非常感谢您在百忙之中抽出时间来完成此调查问卷。本问卷是一项有关企业管理方面的研究。希望您以工作中的真实经历和感受帮助我们完成此次调研。

本问卷属学术研究之用，所有的内容和资料将予以保密绝不作为其他用途，请您放心填写。本研究是否精确有赖于您的大力协助，每个选项的回答没有对错之分，您的回答对我们的研究结论非常重要，恳请您能抽出宝贵的时间，配合我们完成此次调查任务。回答时不要遗漏任何问题，感谢您的热情帮助！

本问卷的调查对象为上市公司的高级管理人员

一、高管人员满意度情况问卷调查

	问题	非常同意	比较同意	一般	较不同意	很不同意
1	参与一项很重要的项目，能让我工作更具有动力					
2	参与一项具有挑战性的任务，更能调动工作积极性					
3	公司给予相关荣誉，比其他激励更能调动工作积极性					
4	我的业绩已经得到了同行的肯定					
5	我在行业中已经赢得了较高的口碑及信任					
6	我的工作业绩达到一种令人足以自豪的水准					

续表

	问题	非常同意	比较同意	一般	较不同意	很不同意
7	社会上给予的声誉和地位使我工作更具积极性					
8	工作能够促进我的发展，具有挑战性					
9	工作给我提供可以充分发挥自己潜能的机会					
10	工作能够满足我对个人和事业成长的追求					
11	企业良好的发展前景，更能激发我的工作积极性					
12	拥有一定的资源可以配置，更能激发工作积极性					
13	获得一些重要角色的机会，更能激发工作积极性					
14	参与公司的决策制定，更能激发工作积极性					
15	组织为我创造了一个良好的学习环境					
16	组织为我提供了各种正式和非正式学习机会					
17	我的工作经常获得政府政策的支持					
18	我拥有一个良好的工作氛围					
19	公司的企业文化和制度环境对我的工作有很大的支撑					
20	我与下属之间的关系很融洽，沟通没有障碍					
21	我现在的工作团队配合默契，有凝聚力					

二、激励方式满意度

	激励方式	很满意	比较满意	一般	不太满意	很不满意
1	成就激励					
2	成长激励					
3	工作环境激励					
4	非物质激励					

三、背景资料

所管部门：　　　　　　　　　性别：　　　　　　　职务：

您的年龄：□30 岁以下　　□31 ~ 40 岁　　□41 ~ 50 岁

□51 ~ 60 岁　　□60 岁以上

文化程度：□博士　　□硕士、双学士　　□大学本科　　□大专

□大专以下

在企业内服务年限：□1 ~ 2 年　　□3 ~ 5 年　　□6 ~ 10 年

□11 ~ 15 年　　□15 年以上

在本岗位工作时间：□1 年之内　　□1 ~ 3 年　　□3 ~ 5 年

□5 ~ 10 年

□10 年以上

主管工作：□生产　□财务　□后勤　□工程技术　□人力资源

□企业文化　□营销服务　□行政　□证券

再次感谢您在百忙之中抽出时间填写问卷，请您再检查一遍，以避免漏填，祝您工作顺利！

后 记

本书是我在近几年相关研究的基础上扩充修改而成的，作为学术生涯的第一部专著，本书既是对自我的一个挑战，也是智识和写作实践方面的超越。在本书完成的瞬间，面对刚刚诞生的作品，虽然心中满怀喜悦之情，但涌上心头更多的却是感激。这种发自内心深处的感情源于给予我支持与鼓励的师长及亲朋好友。

首先，要感谢我的导师郭伟教授，正是他，使我对科学研究有了新的认识，在我不长的学术生涯中，他给予我莫大的支持、教导和鼓励。正是他的言传身教，使我在学术研究和论文写作上始终秉承科学、谨慎、务实的态度。郭老师多方位、多角度看问题的方法深深影响着我，让我在目前的工作和生活中都受益匪浅。郭老师的学术魅力和人格魅力深深地感染了我，是我人生路上的一盏明灯，更是一笔宝贵的精神财富！对导师最好的感谢，就是把他的学问和为人、为学之法传承下去，我将秉承老师之教诲，不懈前进。

本书是我在西安翻译学院工作的第十个年头完成的，在我挥洒青春、努力奋战的十年中，我沐浴在校园这个充满人文关怀氛围的大家庭中。感谢王柏林教授、王利晓教授、刘俊霞教授，在科研、工作和学业上对我的指导、栽培、帮助和信任，这本专著的顺利出版更是离不开他们的支持和鼓励。他们精益求精的教学风格，诲人不倦的高尚师德，严于律己、宽以待人的崇高风范对我影响深远。他们知识渊博、学养闳深、治学严谨，是我学习的楷模。

由于时间有限，在专著撰写过程中还有很多欠缺和遗漏之处，特别要感谢中国经济出版社的编辑们所付出的努力，在编辑们一次次严谨的修改、逐字逐句的推敲中，才诞生了今日成果！

感谢我的家人，在我整个写作过程中，他们对我的不断的鼓励和支持，为我提供最有力的精神支撑，他们是我能够安心写作的坚强后盾，是我不断前进的动力。感谢我的母亲、公婆，他们在本该颐养天年的年纪帮我悉心照顾孩子，可以让我没有后顾之忧地投入写作和工作中，我最大的心愿是他们永远健康快乐！尤其要感谢我的先生李云波，整个专著的完成都有他的支持和鼓励，从他身上，我感受到了夫妻的体恤、获得了前进的勇气！犹记自己喜欢的一首歌曲——周华健所唱的《沿途有你》，正如歌中所唱，“沿途幸有你，制造憧憬中所有梦想，仍然值得辛苦……为你我愿挑选这漫漫长路，只想给你知道，不再愿退步，面对压力都可有你，在旁倾诉”。

感谢你们！此生有幸，人生途中有你们相伴，不断砥砺前行！

王雅楠

2019 年 12 月于西安